EXORTAÇÃO APOSTÓLICA PÓS-SINODAL

VERBUM DOMINI

DO SANTO PADRE

BENTO XVI

AO EPISCOPADO, AO CLERO, ÀS PESSOAS
CONSAGRADAS E AOS FIÉIS LEIGOS

SOBRE A PALAVRA DE DEUS
NA VIDA E NA MISSÃO DA IGREJA

Direção-geral: *Flávia Reginatto*
Editora responsável: *Vera Ivanise Bombonatto*

6ª edição – 2011
9ª reimpressão – 2022

Nenhuma parte desta obra poderá ser reproduzida ou transmitida por qualquer forma e/ou quaisquer meios (eletrônico ou mecânico, incluindo fotocópia e gravação) ou arquivada em qualquer sistema ou banco de dados sem permissão escrita da Editora. Direitos reservados.

© 2010 – Libreria Editrice Vaticana

Paulinas

Rua Dona Inácia Uchoa, 62
04110-020 – São Paulo – SP (Brasil)
Tel.: (11) 2125-3500
http://www.paulinas.com.br
editora@paulinas.com.br
Telemarketing e SAC: 0800-7010081

© Pia Sociedade Filhas de São Paulo – São Paulo, 2010

INTRODUÇÃO

1. "A Palavra do Senhor permanece eternamente. E esta é a palavra do Evangelho que vos foi anunciada" (*1 Pd* 1, 25; cf. *Is* 40, 8). Com esta citação da *Primeira Carta de São Pedro*, que retoma as palavras do profeta Isaías, vemo-nos colocados diante do mistério de Deus que Se comunica a Si mesmo por meio do dom da sua Palavra. Esta Palavra, que permanece eternamente, entrou no tempo. Deus pronunciou a sua Palavra eterna de modo humano; o seu Verbo "fez-Se carne" (*Jo* 1, 14). Esta é a boa nova. Este é o anúncio que atravessa os séculos, tendo chegado até aos nossos dias. A XII Assembleia Geral Ordinária do Sínodo dos Bispos, que se efetuou no Vaticano de 5 a 26 de outubro de 2008, teve como tema *A Palavra de Deus na vida e na missão da Igreja*. Foi uma experiência profunda de encontro com Cristo, Verbo do Pai, que está presente onde dois ou três se encontram reunidos em seu nome (cf. *Mt* 18, 20). Com esta Exortação apostólica pós-sinodal, acolho de bom grado o pedido que me fizeram os Padres de dar a conhecer a todo o Povo de Deus a riqueza surgida naquela reunião vaticana e as indicações emanadas do trabalho comum.[1] Nesta linha, pretendo retomar tudo o

---

[1] Cf. *Propositio* 1.

que foi elaborado pelo Sínodo, tendo em conta os documentos apresentados: os *Lineamenta*, o *Instrumentum laboris*, os Relatórios *ante* e *post disceptationem* e os textos das intervenções, tanto os que foram lidos na sala como os apresentados *in scriptis*, os Relatórios dos Círculos Menores e os seus debates, a Mensagem final ao Povo de Deus e sobretudo algumas propostas específicas (*Propositiones*), que os Padres consideraram de particular relevância. Desejo assim indicar algumas linhas fundamentais para uma redescoberta, na vida da Igreja, da Palavra divina, fonte de constante renovação, com a esperança de que a mesma se torne cada vez mais o coração de toda a atividade eclesial.

Para que a nossa alegria seja perfeita

2. Quero, antes de mais nada, recordar a beleza e o fascínio do renovado encontro com o Senhor Jesus que se experimentou nos dias da assembleia sinodal. Por isso, fazendo-me eco dos Padres, dirijo-me a todos os fiéis com as palavras de São João na sua primeira carta: "Nós vos anunciamos a vida eterna, que estava no Pai e que nos foi manifestada – o que vimos e ouvimos, isso vos anunciamos, para que também vós tenhais comunhão conosco. Quanto à nossa comunhão, ela é com o Pai e com seu Filho Jesus Cristo" (*1 Jo* 1, 2-3). O Apóstolo fala-nos de *ouvir, ver, tocar e contemplar* (cf. *1 Jo* 1, 1) o Verbo da Vida, já que a Vida mesma

se manifestou em Cristo. E nós, chamados à comunhão com Deus e entre nós, devemos ser anunciadores deste dom. Nesta perspectiva querigmática, a assembleia sinodal foi um testemunho para a Igreja e para o mundo de como é belo o encontro com a Palavra de Deus na comunhão eclesial. Portanto, exorto todos os fiéis a redescobrirem o encontro pessoal e comunitário com Cristo, Verbo da Vida que Se tornou visível, a fazerem--se seus anunciadores para que o dom da vida divina, a comunhão, se dilate cada vez mais pelo mundo inteiro. Com efeito, participar na vida de Deus, Trindade de Amor, é *a alegria completa* (cf. *1 Jo* 1, 4). E é dom e dever imprescindível da Igreja comunicar a alegria que deriva do encontro com a Pessoa de Cristo, Palavra de Deus presente no meio de nós. Num mundo que frequentemente sente Deus como supérfluo ou alheio, confessamos como Pedro que só Ele tem "palavras de vida eterna" (*Jo* 6, 68). Não existe prioridade maior do que esta: reabrir ao homem atual o acesso a Deus, a Deus que fala e nos comunica o seu amor para que tenhamos vida em abundância (cf. *Jo* 10, 10).

Da "Dei Verbum" ao Sínodo sobre a Palavra de Deus

3. Com a XII Assembleia Geral Ordinária do Sínodo dos Bispos sobre a Palavra de Deus, estamos conscientes de nos termos debruçado de certo modo

sobre o próprio *coração* da vida cristã, dando continuidade à assembleia sinodal anterior sobre a *Eucaristia como fonte e ápice da vida e da missão da Igreja*. De fato, a Igreja funda-se sobre a Palavra de Deus, nasce e vive dela.[2] Ao longo de todos os séculos da sua história, o Povo de Deus encontrou sempre nela a sua força, e também hoje a comunidade eclesial cresce na escuta, na celebração e no estudo da Palavra de Deus. Há que reconhecer que, nas últimas décadas, a vida eclesial aumentou a sua sensibilidade relativamente a este tema, com particular referência à Revelação cristã, à Tradição viva e à Sagrada Escritura. Pode-se afirmar que, a partir do pontificado do Papa Leão XIII, houve um crescendo de intervenções visando suscitar maior consciência da importância da Palavra de Deus e dos estudos bíblicos na vida da Igreja,[3] que teve o seu ponto culminante no Concílio Vaticano II, de modo especial com a promulgação da Constituição dogmática sobre a Revelação divina *Dei Verbum*. Esta representa um marco miliário no caminho da Igreja. "Os Padres Sinodais [...] reconhecem, com ânimo agradecido, os grandes benefícios que este documento

---

[2] Cf. XII ASSEMBLEIA GERAL ORDINÁRIA DO SÍNODO DOS BISPOS, *Instrumentum laboris*, 27.

[3] Cf. LEÃO XIII, Carta enc. *Providentissimus Deus* (18 de novembro de 1893): *ASS* 26 (1893-94), 269-292; BENTO XV, Carta enc. *Spiritus Paraclitus* (15 de setembro de 1920): *AAS* 12 (1920), 385-422; PIO XII, Carta enc. *Divino affl ante Spiritu* (30 de setembro de 1943): *AAS* 35 (1943), 297-325.

trouxe à vida da Igreja em nível exegético, teológico, espiritual, pastoral e ecumênico".[4] De modo particular cresceu, nestes anos, a consciência do "horizonte trinitário e histórico-salvífico da Revelação"[5] em que se deve reconhecer Jesus Cristo como "o mediador e a plenitude de toda a Revelação".[6] A Igreja confessa, incessantemente, a cada geração que Ele, "com toda a sua presença e manifestação da sua pessoa, com palavras e obras, sinais e milagres, e sobretudo com a sua morte e gloriosa ressurreição e, enfim, com o envio do Espírito de verdade, completa totalmente e confirma com o testemunho divino a Revelação".[7]

É de conhecimento geral o grande impulso dado pela Constituição dogmática *Dei Verbum* à redescoberta da Palavra de Deus na vida da Igreja, à reflexão teológica sobre a Revelação divina e ao estudo da Sagrada Escritura. E numerosas foram também as intervenções do Magistério eclesial sobre estas matérias nos últimos quarenta anos.[8]

---

[4] *Propositio* 2.

[5] *Ibidem.*

[6] CONC. ECUM. VAT. II, Const. dogm. sobre a Revelação divina *Dei Verbum*, 2.

[7] *Ibid.*, 4.

[8] Entre as várias intervenções, de natureza diversa, há que recordar: PAULO VI, Carta ap. *Summi Dei Verbum* (4 de novembro de 1963): *AAS* 55 (1963), 979-995; IDEM, Motu proprio *Sedula cura* (27 de junho de 1971): *AAS* 63 (1971), 665-669; JOÃO PAULO II, *Audiência Geral* (1º de maio de 1985):

A Igreja, ciente da continuidade do seu próprio caminho sob a guia do Espírito Santo, com a celebração deste Sínodo sentiu-se chamada a aprofundar ainda mais o tema da Palavra divina, seja para verificar a realização das indicações conciliares, seja para enfrentar os novos desafios que o tempo presente coloca a quem acredita em Cristo.

O Sínodo dos Bispos sobre a Palavra de Deus

4. Na XII Assembleia sinodal, Pastores vindos de todo o mundo congregaram-se ao redor da Palavra de Deus, colocando simbolicamente no centro da Assembleia o texto da Bíblia, para redescobrirem algo que nos arriscamos de dar por adquirido no dia a dia: *o fato de que Deus fale e responda às nossas perguntas.*[9] Juntos escutamos e celebramos a Palavra

---

L'Osservatore Romano (ed. portuguesa de 5/V/1985), p. 12; IDEM, *Discurso sobre a interpretação da Bíblia na Igreja* (23 de abril de 1993): *AAS* 86 (1994), 232-243; BENTO XVI, *Discurso no Congresso internacional por ocasião do 40º aniversário da Dei Verbum* (16 de setembro de 2005): *AAS* 97 (2005), 957; IDEM, *Angelus* (6 de novembro de 2005): *Insegnamenti* I (2005), 759-760. Há que citar ainda as intervenções da PONT. COMISSÃO BÍBLICA, *De sacra Scriptura et Christologia* (1984): *Ench. Vat.* 9, n. 1208-1339; *Unidade e diversidade na Igreja* (11 de abril de 1988): *Ench. Vat.* 11, n. 544-643; *A interpretação da Bíblia na Igreja* (15 de abril de 1993): *Ench. Vat.* 13, n. 2846-3150; *O povo judeu e as suas sagradas Escrituras na Bíblia cristã* (24 de maio de 2001): *Ench. Vat.* 20, n. 733-1150; *Bíblia e moral. Raízes bíblicas do agir cristão* (11 de maio de 2008), Cidade do Vaticano 2008.

[9] Cf. BENTO XVI, *Discurso à Cúria Romana* (22 de dezembro de 2008): *AAS* 101 (2009), 49.

do Senhor. Narramos uns aos outros aquilo que o Senhor está a realizar no Povo de Deus, partilhando esperanças e preocupações. Tudo isto nos tornou conscientes de que só podemos aprofundar a nossa relação com a Palavra de Deus dentro do "nós" da Igreja, na escuta e no acolhimento recíproco. Daqui nasce a gratidão pelos testemunhos sobre a vida eclesial nas diversas partes do mundo, surgidos nas várias intervenções feitas na sala. Ao mesmo tempo foi comovedor também ouvir os Delegados Fraternos, que aceitaram o convite para participar no encontro sinodal. Penso de modo particular na meditação que nos ofereceu Sua Santidade Bartolomeu I, Patriarca Ecumênico de Constantinopla, pela qual os Padres sinodais exprimiram profunda gratidão.[10] Além disso, pela primeira vez, o Sínodo dos Bispos quis convidar também um Rabino, que nos deu um testemunho precioso sobre as Sagradas Escrituras judaicas; estas são precisamente uma parte das nossas Sagradas Escrituras.[11]

Pudemos assim constatar, com alegria e gratidão, que "na Igreja há um Pentecostes também hoje, ou seja, que ela fala em muitas línguas; e isto não só no sentido externo de estarem nela representadas todas as

---

[10] Cf. *Propositio* 37.

[11] Cf. PONT. COMISSÃO BÍBLICA, *O povo judeu e as suas sagradas Escrituras na Bíblia cristã* (24 de maio de 2001): *Ench. Vat.* 20, n. 733-1150.

grandes línguas do mundo mas também, e mais profundamente, no sentido de que nela estão presentes os variados modos da experiência de Deus e do mundo, a riqueza das culturas, e só assim se manifesta a vastidão da existência humana e, a partir dela, a vastidão da Palavra de Deus".[12] Além disso, pudemos constatar também um Pentecostes ainda a caminho; vários povos aguardam ainda que seja anunciada a Palavra de Deus na sua própria língua e cultura.

Como não recordar também que, durante todo o Sínodo, nos acompanhou o testemunho do Apóstolo Paulo? De fato, foi providencial que a XII Assembleia Geral Ordinária se tenha realizado precisamente dentro do ano dedicado à figura do grande Apóstolo das Nações, por ocasião do bimilenário do seu nascimento. A sua existência caracterizou-se completamente pelo zelo em difundir a Palavra de Deus. Como não sentir vibrar no nosso coração as palavras com que se referia à sua missão de anunciador da Palavra divina: "Faço tudo por causa do Evangelho" (*1 Cor* 9, 23); "pois eu – escreve na *Carta aos Romanos* – não me envergonho do Evangelho, o qual é poder de Deus para salvação de todo o crente" (1, 16)?! Quando refletimos sobre a Palavra de Deus na vida e na missão da Igreja, não podemos deixar de

---

[12] BENTO XVI, *Discurso à Cúria Romana* (22 de dezembro de 2008): *AAS* 101 (2009), 50.

pensar em São Paulo e na sua vida entregue à difusão do anúncio da salvação de Cristo a todos os povos.

O Prólogo do Evangelho de João por guia

5. Desejo, através desta Exortação apostólica, que as conclusões do Sínodo influam eficazmente sobre a vida da Igreja: sobre a relação pessoal com as Sagradas Escrituras, sobre a sua interpretação na liturgia e na catequese bem como na investigação científica, para que a Bíblia não permaneça uma Palavra do passado, mas uma Palavra viva e atual. Com este objetivo, pretendo apresentar e aprofundar os resultados do Sínodo, tomando por referência constante o *Prólogo do Evangelho de João* (*Jo* 1, 1-18), que nos dá a conhecer o fundamento da nossa vida: o Verbo, que desde o princípio está junto de Deus, fez-Se carne e veio habitar entre nós (cf. *Jo* 1, 14). Trata-se de um texto admirável, que dá uma síntese de toda a fé cristã. A partir da sua experiência pessoal do encontro e seguimento de Cristo, João, que a tradição identifica com "o discípulo que Jesus amava" (*Jo* 13, 23; 20, 2; 21, 7.20), "chegou a esta certeza íntima: Jesus é a Sabedoria de Deus encarnada, é a sua Palavra eterna feita homem mortal".[13] Aquele que "viu e acreditou" (*Jo* 20, 8) nos ajude também a

---

[13] BENTO XVI, *Angelus* (4 de janeiro de 2009): *Insegnamenti*, V/1 (2009), 13.

apoiar a cabeça sobre o peito de Cristo (cf. *Jo* 13, 25), donde brotou sangue e água (cf. *Jo* 19, 34), símbolos dos Sacramentos da Igreja. Seguindo o exemplo do Apóstolo João e dos outros autores inspirados, deixemo-nos guiar pelo Espírito Santo para podermos *amar cada vez mais a Palavra de Deus.*

I PARTE
VERBUM DEI

"No princípio já existia o Verbo, e o Verbo estava com Deus, e o Verbo era Deus [...] e o Verbo fez-Se carne" (Jo 1, 1.14)

O DEUS QUE FALA

Deus em diálogo

6. A novidade da revelação bíblica consiste no fato de Deus Se dar a conhecer no diálogo, que deseja ter conosco.[14] A Constituição dogmática *Dei Verbum* tinha exposto esta realidade, reconhecendo que "Deus invisível na riqueza do seu amor fala aos homens como a amigos e convive com eles, para os convidar e admitir à comunhão com Ele".[15] Mas ainda não teríamos compreendido suficientemente a mensagem do Prólogo de São João, se nos detivéssemos na constatação de que Deus Se comunica amorosamente a nós. Na realidade, o Verbo de Deus, por meio do Qual "tudo começou a existir" (*Jo* 1, 3) e que Se "fez carne" (*Jo* 1, 14), é o mesmo que já existia "no princípio" (*Jo* 1, 1). Se aqui podemos descobrir uma alusão ao início do livro do Gênesis (cf. *Gn* 1, 1), na realidade vemo-nos colocados diante de *um princípio* de caráter absoluto e que nos narra a vida íntima de Deus. O Prólogo joanino apresenta-nos o fato de que o *Logos* existe realmente

---

[14] Cf. *Relatio ante disceptationem*, I.

[15] CONC. ECUM. VAT. II, Const. dogm. sobre a Revelação divina *Dei Verbum*, 2.

desde sempre, e desde sempre *Ele mesmo é Deus*. Por conseguinte, nunca houve em Deus um tempo em que não existisse o *Logos*. O Verbo preexiste à criação. Portanto, no coração da vida divina, há a comunhão, há o dom absoluto. *"Deus é amor"* (*1 Jo* 4, 16) – dirá noutro lugar o mesmo Apóstolo, indicando assim "a imagem cristã de Deus e também a consequente imagem do homem e do seu caminho".[16] Deus dá-Se-nos a conhecer como mistério de amor infinito, no qual, desde toda a eternidade, o Pai exprime a sua Palavra no Espírito Santo. Por isso o Verbo, que desde o princípio está junto de Deus e é Deus, revela-nos o próprio Deus no diálogo de amor entre as Pessoas divinas e convida-nos a participar nele. Portanto, feitos à imagem e semelhança de Deus amor, só nos podemos compreender a nós mesmos no acolhimento do Verbo e na docilidade à obra do Espírito Santo. É à luz da revelação feita pelo Verbo divino que se esclarece definitivamente o enigma da condição humana.

Analogia da Palavra de Deus

7. A partir destas considerações que brotam da meditação sobre o mistério cristão expresso no Prólogo de João, é necessário agora pôr em evidência aquilo

---

[16] BENTO XVI, Carta enc. *Deus caritas est* (25 de dezembro de 2005), 1: *AAS* 98 (2006), 217-218.

que foi afirmado pelos Padres sinodais a propósito das diversas modalidades com que usamos a expressão "Palavra de Deus". Falou-se, justamente, de uma sinfonia da Palavra, de uma Palavra única que se exprime de diversos modos: "um cântico a diversas vozes".[17] A este propósito, os Padres sinodais falaram de um uso analógico da linguagem humana na referência à Palavra de Deus. Com efeito, se esta expressão, por um lado, diz respeito à comunicação que Deus faz de Si mesmo, por outro assume significados diversos que devem ser atentamente considerados e relacionados entre si, tanto do ponto de vista da reflexão teológica como do uso pastoral. Como nos mostra claramente o Prólogo de João, o *Logos* indica originariamente o Verbo eterno, ou seja, o Filho unigênito, gerado pelo Pai antes de todos os séculos e consubstancial a Ele: *o Verbo estava junto de Deus, o Verbo era Deus*. Mas este mesmo Verbo – afirma São João – "fez-Se carne" (*Jo* 1, 14); por isso Jesus Cristo, nascido da Virgem Maria, é realmente o Verbo de Deus que Se fez consubstancial a nós. Assim a expressão "Palavra de Deus" acaba por indicar aqui a pessoa de Jesus Cristo, Filho eterno do Pai feito homem.

Além disso, se no centro da revelação divina está o acontecimento de Cristo, é preciso reconhecer

---

[17] *Instrumentum laboris*, 9.

que a própria criação, o *liber naturae*, constitui também essencialmente parte desta sinfonia a diversas vozes na qual Se exprime o único Verbo. Do mesmo modo confessamos que Deus comunicou a sua Palavra na história da salvação, fez ouvir a sua voz; com a força do seu Espírito, "falou pelos profetas".[18] Por conseguinte, a Palavra divina exprime-se ao longo de toda a história da salvação e tem a sua plenitude no mistério da encarnação, morte e ressurreição do Filho de Deus. E Palavra de Deus é ainda aquela pregada pelos Apóstolos, em obediência ao mandato de Jesus Ressuscitado: "Ide pelo mundo inteiro e anunciai a Boa Nova a toda a criatura" (*Mc* 16, 15). Assim a Palavra de Deus é transmitida na Tradição viva da Igreja. Enfim, é Palavra de Deus, atestada e divinamente inspirada, a Sagrada Escritura, Antigo e Novo Testamento. Tudo isto nos faz compreender por que motivo, na Igreja, veneramos extremamente as Sagradas Escrituras, apesar da fé cristã não ser uma "religião do Livro": o cristianismo é a "religião da Palavra de Deus", não de "uma palavra escrita e muda, mas do Verbo encarnado e vivo".[19] Por conseguinte a Sagrada Escritura deve ser proclamada, escutada, lida, acolhida e vivida como

---

[18] *Credo de Niceia-Constantinopla*: *DS* 150.

[19] SÃO BERNARDO DE CLARAVAL, *Homilia super missus est*, IV, 11: *PL* 183, 86 B.

Palavra de Deus, no sulco da Tradição Apostólica de que é inseparável.[20]

Como afirmaram os Padres sinodais, encontramo-nos realmente perante um uso analógico da expressão "Palavra de Deus", e disto mesmo devemos estar conscientes. Por isso, é necessário que os fiéis sejam mais bem formados para identificar os seus diversos significados e compreender o seu sentido unitário. E do ponto de vista teológico é preciso também aprofundar a articulação dos vários significados desta expressão, para que resplandeça melhor a unidade do plano divino e, neste, a centralidade da pessoa de Cristo.[21]

Dimensão cósmica da Palavra

8. Conscientes do significado fundamental da Palavra de Deus referida ao Verbo eterno de Deus feito carne, único salvador e mediador entre Deus e o homem,[22] e escutando esta Palavra, somos levados pela revelação bíblica a reconhecer que ela é o fundamento de toda a realidade. O Prólogo de São João afirma, referindo-se ao *Logos* divino, que "tudo começou a existir por meio

---

[20] Cf. CONC. ECUM. VAT. II, Const. dogm. sobre a Revelação divina *Dei Verbum*, 10.

[21] Cf. *Propositio* 3.

[22] Cf. CONGR. PARA A DOUTRINA DA FÉ, Declaração sobre a unicidade e a universalidade salvífica de Jesus Cristo e da Igreja *Dominus Iesus* (6 de agosto de 2000), 13-15: *AAS* 92 (2000), 754-756.

d'Ele, e, sem Ele, nada foi criado" (*Jo* 1, 3); de igual modo na *Carta aos Colossenses* afirma-se, aludindo a Cristo "primogênito de toda a criação" (1, 15), que "tudo foi criado por Ele e para Ele" (1, 16). E o autor da *Carta aos Hebreus* recorda que "pela fé conhecemos que o mundo foi formado pela palavra de Deus, de tal modo que o que se vê não provém das coisas sensíveis" (11, 3).

Este anúncio é, para nós, uma palavra libertadora. De fato, as afirmações da Sagrada Escritura indicam que tudo o que existe não é fruto de um acaso irracional, mas é querido por Deus, está dentro do seu desígnio, em cujo centro se encontra a oferta de participar na vida divina em Cristo. A criação nasce do *Logos* e traz indelével o sinal da *Razão criadora que regula e guia*. Esta feliz certeza é cantada nos *Salmos*: "Pela palavra do Senhor foram feitos os céus, pelo sopro da sua boca todos os seus exércitos" (*Sl* 33, 6); e ainda: "Ele falou e as coisas existiram. Ele mandou e as coisas subsistiram" (*Sl* 33, 9). A realidade inteira exprime este mistério: "Os céus proclamam a glória de Deus, o firmamento anuncia as obras das suas mãos" (*Sl* 19, 2). É a própria Sagrada Escritura que nos convida a conhecer o Criador, observando a criação (cf. *Sb* 13, 5; *Rm* 1, 19-20). A tradição do pensamento cristão soube aprofundar este elemento--chave da sinfonia da Palavra, quando por exemplo São Boaventura – que, juntamente com a grande tradição dos Padres Gregos, vê todas as possibilidades da criação no *Logos*[23] – afirma que "cada criatura é palavra de Deus, porque proclama Deus".[24] A Constituição dogmática *Dei Verbum* sintetizara este fato dizendo que "Deus, criando e conservando todas as coisas pelo Verbo (cf. *Jo* 1, 3), oferece aos homens um testemunho perene de Si mesmo na criação".[25]

A criação do homem

9. Deste modo, a realidade nasce da Palavra, como *creatura Verbi*, e tudo é chamado a servir a Palavra. A criação é lugar onde se desenvolve toda a história do amor entre Deus e a sua criatura; por conseguinte, o movente de tudo é a salvação do homem. Contemplando o universo na perspectiva da história da salvação, somos levados a descobrir a posição única e singular que ocupa o homem na criação: "Deus criou o homem à sua imagem, criou-o à imagem de Deus; Ele os criou homem e mulher" (*Gn* 1, 27). Isto permite-nos reconhecer plenamente os dons preciosos recebidos do Criador:

---

[23] Cf. *In Hexaemeron*, XX, 5: *Opera Omnia*, V (Quaracchi 1891), p. 425-426; *Breviloquium*, I, 8: *Opera Omnia*, V (Quaracchi 1891), p. 216-217.

[24] *Itinerarium mentis in Deum*, II, 12: *Opera Omnia*, V (Quaracchi 1891), p. 302-303; cf. *Commentarius in librum Ecclesiastes*, cap. 1, vers. 11, *Quaestiones*, II, 3: *Opera Omnia*, VI (Quaracchi 1891), p. 16.

[25] CONC. ECUM. VAT. II, Const. dogm. sobre a Revelação divina *Dei Verbum*, 3; cf. CONC. ECUM. VAT. I, Const. dogm. sobre a fé católica *Dei Filius*, cap. 2 – De revelatione: *DS* 3004.

o valor do próprio corpo, o dom da razão, da liberdade e da consciência. Nisto encontramos também tudo aquilo que a tradição filosófica chama "lei natural".[26] Com efeito, "todo o ser humano que atinge a consciência e a responsabilidade experimenta um chamamento interior para realizar o bem"[27] e, consequentemente, evitar o mal. Sobre este princípio, como recorda São Tomás de Aquino, fundam-se também todos os outros preceitos da lei natural.[28] A escuta da Palavra de Deus leva-nos em primeiro lugar a prezar a exigência de viver segundo esta lei "escrita no coração" (cf. *Rm* 2, 15; 7, 23).[29] Depois, Jesus Cristo dá aos homens a Lei nova, a Lei do Evangelho, que assume e realiza de modo sublime a lei natural, libertando-nos da lei do pecado, por causa do qual, como diz São Paulo, "querer o bem está ao meu alcance, mas realizá-lo não" (*Rm* 7, 18), e dá aos homens, por meio da graça, a participação na vida divina e a capacidade de superar o egoísmo.[30]

---

[26] Cf. *Propositio* 13.

[27] COMISSÃO TEOLÓGICA INTERNACIONAL, *À procura de uma ética universal: novo olhar sobre a lei natural*, Cidade do Vaticano 2009, n. 39.

[28] Cf. *Summa theologiae*, Ia-IIae, q. 94, a. 2.

[29] Cf. PONT. COMISSÃO BÍBLICA, *Bíblia e moral. Raízes bíblicas do agir cristão* (11 de maio de 2008), Cidade do Vaticano 2008, nn. 13, 32 e 109.

[30] Cf. COMISSÃO TEOLÓGICA INTERNACIONAL, *À procura de uma ética universal: novo olhar sobre a lei natural*, Cidade do Vaticano 2009, n. 102.

O realismo da Palavra

10. Quem conhece a Palavra divina conhece plenamente também o significado de cada criatura. De fato, se todas as coisas "têm a sua subsistência" n'Aquele que existe "antes de todas as coisas" (*Cl* 1, 17), então quem constrói a própria vida sobre a sua Palavra edifica de modo verdadeiramente sólido e duradouro. A Palavra de Deus impele-nos a mudar o nosso conceito de realismo: realista é quem reconhece o fundamento de tudo no Verbo de Deus.[31] Isto revela--se particularmente necessário no nosso tempo, em que manifestam o seu caráter efêmero muitas coisas com as quais se contava para construir a vida e sobre as quais se era tentado a colocar a própria esperança. Mais cedo ou mais tarde, o ter, o prazer e o poder manifestam-se incapazes de realizar as aspirações mais profundas do coração do homem. De fato, para edificar a própria vida, ele tem necessidade de alicerces sólidos, que permaneçam mesmo quando falham as certezas humanas. Na realidade, já que "para sempre, Senhor, como os céus, subsiste a vossa palavra" e a fidelidade do Senhor "atravessa as gerações" (*Sl* 119, 89-90), quem constrói sobre esta palavra, edifica a casa da própria vida sobre a rocha (cf. *Mt* 7, 24). Que o nosso coração

---

[31] Cf. BENTO XVI, *Homilia durante* a *Hora Tércia no início da I Congregação Geral do Sínodo dos Bispos* (6 de outubro de 2008): *AAS* 100 (2008), 758-761.

possa dizer a Deus cada dia: "Sois o meu abrigo, o meu escudo, na vossa palavra pus a minha esperança" (*Sl* 119, 114), e possamos agir cada dia confiando no Senhor Jesus como São Pedro: "Porque Tu o dizes, lançarei as redes" (*Lc* 5, 5).

Cristologia da Palavra

11. A partir deste olhar sobre a realidade como obra da Santíssima Trindade, através do Verbo divino, podemos compreender as palavras do autor da *Carta aos Hebreus*: "Tendo Deus falado outrora aos nossos pais, muitas vezes e de muitas maneiras, pelos Profetas, agora falou-nos nestes últimos tempos pelo Filho, a Quem constituiu herdeiro de tudo e por Quem igualmente criou o mundo" (*Hb* 1, 1-2). É estupendo observar como todo o Antigo Testamento se nos apresenta já como história na qual Deus comunica a sua Palavra: de fato, "tendo estabelecido aliança com Abraão (cf. *Gn* 15, 18), e com o povo de Israel por meio de Moisés (cf. *Ex* 24, 8), revelou-Se ao Povo escolhido como único Deus verdadeiro e vivo, em palavras e obras, de tal modo que Israel pudesse conhecer por experiência os planos de Deus sobre os homens, os compreendesse cada vez mais profunda e claramente, ouvindo o mesmo Deus falar pela boca dos profetas, e os difundisse

mais amplamente entre os homens (cf. *Sl* 21, 28-29; 95, 1-3; *Is* 2, 1-4; *Jr* 3, 17)".[32]

Esta condescendência de Deus realiza-se, de modo insuperável, na encarnação do Verbo. A Palavra eterna que se exprime na criação e comunica na história da salvação, tornou-se em Cristo um homem, "nascido de mulher" (*Gl* 4, 4). Aqui a Palavra não se exprime primariamente num discurso, em conceitos ou regras; mas vemo-nos colocados diante da própria pessoa de Jesus. A sua história, única e singular, é a palavra definitiva que Deus diz à humanidade. Daqui se compreende por que motivo, "no início do ser cristão, não há uma decisão ética ou uma grande ideia, mas o encontro com um acontecimento, com uma Pessoa que dá à vida um novo horizonte e, desta forma, o rumo decisivo".[33] A renovação deste encontro e desta consciência gera no coração dos fiéis a maravilha pela iniciativa divina, que o homem, com as suas próprias capacidades racionais e imaginação, jamais teria podido conceber. Trata-se de uma novidade inaudita e humanamente inconcebível: "O Verbo fez-Se carne e habitou entre nós" (*Jo* 1, 14a). Estas expressões não indicam uma figura retórica mas uma experiência vivida. Quem a refere é São João,

---

[32] CONC. ECUM. VAT. II, Const. dogm. sobre a Revelação divina *Dei Verbum*, 14.

[33] BENTO XVI, Carta enc. *Deus caritas est* (25 dezembro de 2005), 1: *AAS* 98 (2006), 217-218.

testemunha ocular: "Nós vimos a sua glória, glória que Lhe vem do Pai, como Filho único cheio de graça e de verdade" (*Jo* 1, 14b). A fé apostólica testemunha que a Palavra eterna Se fez Um de nós. A *Palavra divina* exprime-se verdadeiramente em *palavras humanas*.

12. A tradição patrística e medieval, contemplando esta "Cristologia da Palavra", utilizou uma sugestiva expressão: *O Verbo abreviou-Se*.[34] "Na sua tradução grega do Antigo Testamento, os Padres da Igreja encontravam uma frase do profeta Isaías – que o próprio São Paulo cita – para mostrar como os caminhos novos de Deus estivessem já preanunciados no Antigo Testamento. Eis a frase: 'O Senhor compendiou a sua Palavra, abreviou-a' (*Is* 10, 23; *Rm* 9, 28). [...] O próprio Filho é a Palavra, é o *Logos*: a Palavra eterna fez-Se pequena; tão pequena que cabe numa manjedoura. Fez-Se criança, para que a Palavra possa ser compreendida por nós".[35] Desde então a Palavra já não é apenas audível, não possui somente uma *voz*; agora a Palavra tem um *rosto*, que por isso mesmo podemos ver: Jesus de Nazaré.[36]

---

[34] *"Ho Logos pachynetai* (ou *brachynetai)"*. Cf. ORÍGENES, *Peri Archon*, I, 2, 8: *SC* 252, 127-129.

[35] BENTO XVI, *Homilia na solenidade do Natal do Senhor* (24 de dezembro de 2006): *AAS* 99 (2007), 12.

[36] Cf. *Mensagem final*, II, 4-6.

Repassando a narração dos Evangelhos, notamos como a própria humanidade de Jesus se manifesta em toda a sua singularidade precisamente quando referida à Palavra de Deus. De fato, na sua humanidade perfeita, Ele realiza a vontade do Pai a todo o momento; Jesus ouve a sua voz e obedece-Lhe com todo o seu ser; conhece o Pai e observa a sua palavra (cf. *Jo* 8, 55); comunica-nos as coisas do Pai (cf. *Jo* 12, 50); "dei-lhes as palavras que Tu Me deste" (*Jo* 17, 8). Assim Jesus mostra que é o *Logos* divino que Se dá a nós, mas é também o novo Adão, o homem verdadeiro, aquele que cumpre em cada momento não a própria vontade mas a do Pai. Ele "crescia em sabedoria, em estatura e em graça, diante de Deus e dos homens" (*Lc* 2, 52). De maneira perfeita, escuta, realiza em Si mesmo e comunica-nos a Palavra divina (cf. *Lc* 5, 1).

Por fim, a missão de Jesus cumpre-se no Mistério Pascal: aqui vemo-nos colocados diante da "Palavra da cruz" (cf. *1 Cor* 1, 18). O Verbo emudece, torna-se silêncio de morte, porque Se "disse" até calar, nada retendo do que nos devia comunicar. Sugestivamente os Padres da Igreja, ao contemplarem este mistério, colocam nos lábios da Mãe de Deus esta expressão: "Está sem palavra a Palavra do Pai, que fez toda a criatura que fala; sem vida estão os olhos apagados d'Aquele a cuja palavra e aceno se move tudo o que tem vida".[37] Aqui verdadeiramente comunica-se-nos o amor "maior", aquele que dá a vida pelos próprios amigos (cf. *Jo* 15, 13).

Neste grande mistério, Jesus manifesta-Se como *a Palavra da Nova e Eterna Aliança*: a liberdade de Deus e a liberdade do homem encontraram-se definitivamente na sua carne crucificada, num pacto indissolúvel, válido para sempre. O próprio Jesus, na Última Ceia, ao instituir a Eucaristia falara de "Nova e Eterna Aliança", estabelecida no seu sangue derramado (cf. *Mt* 26, 28; *Mc* 14, 24; *Lc* 22, 20), mostrando-Se como o verdadeiro Cordeiro imolado, no qual se realiza a definitiva libertação da escravidão.[38]

No mistério refulgente da ressurreição, este silêncio da Palavra manifesta-se com o seu significado autêntico e definitivo. Cristo, Palavra de Deus encarnada, crucificada e ressuscitada, é Senhor de todas as coisas; é o Vencedor, o *Pantocrator*, e assim todas as coisas ficam recapituladas n'Ele para sempre (cf. *Ef* 1, 10). Por isso, Cristo é "a luz do mundo" (*Jo* 8, 12), aquela luz que "resplandece nas trevas" (*Jo* 1, 5) mas as trevas não a acolheram (cf. *Jo* 1, 5). Aqui se compreende plenamente o significado do *Salmo* 119

---

[37] MÁXIMO O CONFESSOR, *A vida de Maria*, n. 89: *Textos marianos do primeiro milênio*, 2, Roma 1989, p. 253.

[38] Cf. BENTO XVI, Exort. ap. pós-sinodal *Sacramentum caritatis* (22 de fevereiro de 2007), 9-10: *AAS* 99 (2007), 111-112.

quando a designa "farol para os meus passos, e luz para os meus caminhos" (v. 105); esta luz decisiva na nossa estrada é precisamente a Palavra que ressuscita. Desde o início, os cristãos tiveram consciência de que, em Cristo, a Palavra de Deus está presente como Pessoa. A Palavra de Deus é a luz verdadeira, de que o homem tem necessidade. Sim, na ressurreição, o Filho de Deus surgiu como Luz do mundo. Agora, vivendo com Ele e para Ele, podemos viver na luz.

13. Chegados por assim dizer ao coração da "Cristologia da Palavra", é importante sublinhar a unidade do desígnio divino no Verbo encarnado: é por isso que o Novo Testamento nos apresenta o Mistério Pascal de acordo com as Sagradas Escrituras, como a sua íntima realização. São Paulo, na *Primeira Carta aos Coríntios*, afirma que Jesus Cristo morreu pelos nossos pecados, "segundo as Escrituras" (15, 3) e que ressuscitou no terceiro dia "segundo as Escrituras" (15, 4). Deste modo o Apóstolo põe o acontecimento da morte e ressurreição do Senhor em relação com a história da Antiga Aliança de Deus com o seu povo. Mais ainda, faz-nos compreender que esta história recebe de tal acontecimento a sua lógica e o seu verdadeiro significado. No Mistério Pascal, realizam-se "as palavras da Escritura, isto é, esta morte realizada *'segundo as Escrituras'* é um acontecimento que contém em si mesmo um *logos*, uma lógica: a morte de Cristo

testemunha que a Palavra de Deus Se fez totalmente 'carne', 'história' humana".[39] Também a ressurreição de Jesus acontece "ao terceiro dia, segundo as Escrituras": dado que a corrupção, segundo a interpretação judaica, começava depois do terceiro dia, a palavra da Escritura cumpre-se em Jesus, que ressuscita antes de começar a corrupção. Deste modo São Paulo, transmitindo fielmente o ensinamento dos Apóstolos (cf. *1 Cor* 15, 3), sublinha que a vitória de Cristo sobre a morte se verifica através da força criadora da Palavra de Deus. Esta força divina proporciona esperança e alegria: tal é, em definitivo, o conteúdo libertador da revelação pascal. Na Páscoa, Deus revela-Se a Si mesmo juntamente com a força do Amor trinitário que aniquila as forças destruidoras do mal e da morte.

Assim, recordando estes elementos essenciais da nossa fé, podemos contemplar a unidade profunda entre criação e nova criação e de toda a história da salvação em Cristo. Recorrendo a uma imagem, podemos comparar o universo com uma partitura, um "livro" – diria Galileu Galilei – considerando-o como "a obra de um Autor que Se exprime através da 'sinfonia' da criação. Dentro desta sinfonia, a determinado ponto aparece aquilo que, em linguagem musical, se chama um 'solo', um tema confiado a um só instrumento ou

---

[39] BENTO XVI, *Audiência Geral* (15 de abril de 2009): *L'Osservatore Romano* (ed. portuguesa de 18/IV/2009), p. 12.

a uma só voz; e é tão importante que dele depende o significado da obra inteira. Este 'solo' é Jesus [...]. O Filho do Homem compendia em Si mesmo a terra e o céu, a criação e o Criador, a carne e o Espírito. É o centro do universo e da história, porque n'Ele se unem sem se confundir o Autor e a sua obra".[40]

Dimensão escatológica da Palavra de Deus

14. Por meio de tudo isto, a Igreja exprime a consciência de se encontrar, em Jesus Cristo, com a Palavra definitiva de Deus; Ele é "o Primeiro e o Último" (*Ap* 1, 17). Deu à criação e à história o seu sentido definitivo; por isso somos chamados a viver o tempo, a habitar na criação de Deus dentro deste ritmo escatológico da Palavra. "Portanto, a economia cristã, como nova e definitiva aliança, jamais passará, e não se há de esperar nenhuma outra revelação pública antes da gloriosa manifestação de nosso Senhor Jesus Cristo (cf. *1 Tm* 6, 14; *Tt* 2, 13)".[41] De fato, como recordaram os Padres durante o Sínodo, a "especificidade do cristianismo manifesta-se no acontecimento que é Jesus Cristo, ápice da Revelação, cumprimento das promessas de

---

[40] BENTO XVI, *Homilia na solenidade da Epifania* (6 de janeiro de 2009): *L'Osservatore Romano* (ed. portuguesa de 10/I/2009), p. 3.

[41] CONC. ECUM. VAT. II, Const. dogm. sobre a Revelação divina *Dei Verbum*, 4.

Deus e mediador do encontro entre o homem e Deus. Ele, 'que nos deu a conhecer Deus' (*Jo* 1, 18), é a Palavra única e definitiva confiada à humanidade".[42] São João da Cruz exprimiu esta verdade de modo admirável: "Ao dar-nos, como nos deu, o seu Filho, que é a sua Palavra – e não tem outra – Deus disse--nos tudo ao mesmo tempo e de uma só vez nesta Palavra única e já nada mais tem para dizer [...]. Porque o que antes disse parcialmente pelos profetas, revelou-o totalmente, dando-nos o Todo que é o seu Filho. E por isso, quem agora quisesse consultar a Deus ou pedir-Lhe alguma visão ou revelação, não só cometeria um disparate, mas faria agravo a Deus, por não pôr os olhos totalmente em Cristo e buscar fora d'Ele outra realidade ou novidade".[43]

Consequentemente, o Sínodo recomendou que "se ajudassem os fiéis a bem distinguir a Palavra de Deus das revelações privadas",[44] cujo "papel não é [...] 'completar' a Revelação definitiva de Cristo, mas ajudar a vivê-la mais plenamente, numa determinada época histórica".[45] valor das revelações privadas é essencialmente diverso do da única revelação pública: esta exige a nossa fé; de fato nela, por meio de pala-

---

[42] *Propositio* 4.

[43] SÃO JOÃO DA CRUZ, *Subida do Monte Carmelo*, II, 22.

[44] *Propositio* 47.

[45] *Catecismo da Igreja Católica*, 67.

vras humanas e da mediação da comunidade viva da Igreja, fala-nos o próprio Deus. O critério da verdade de uma revelação privada é a sua orientação para o próprio Cristo. Quando aquela nos afasta d'Ele, certamente não vem do Espírito Santo, que nos guia no âmbito do Evangelho e não fora dele. A revelação privada é uma ajuda para a fé, e manifesta-se como credível precisamente porque orienta para a única revelação pública. Por isso, a aprovação eclesiástica de uma revelação privada indica essencialmente que a respectiva mensagem não contém nada que contradiga a fé e os bons costumes; é lícito torná-la pública, e os fi éis são autorizados a prestar-lhe de forma prudente a sua adesão. Uma revelação privada pode introduzir novas acentuações, fazer surgir novas formas de piedade ou aprofundar antigas. Pode revestir-se de um certo caráter profético (cf. *1 Ts* 5, 19-21) e ser uma válida ajuda para compreender e viver melhor o Evangelho na hora atual; por isso não se deve desprezá-la. É uma ajuda, que é oferecida, mas da qual não é obrigatório fazer uso. Em todo o caso, deve tratar-se de um alimento para a fé, a esperança e a caridade, que são o caminho permanente da salvação para todos.[46]

---

[46] Cf. CONGR. PARA A DOUTRINA DA FÉ, *A mensagem de Fátima* (26 de junho de 2000): *Ench. Vat.*, 19, n. 974-1021.

A Palavra de Deus e o Espírito Santo

15. Depois de nos termos detido sobre a Palavra última e definitiva de Deus ao mundo, é necessário recordar agora a missão do Espírito Santo relativamente à Palavra divina. De fato, não é possível uma compreensão autêntica da revelação cristã fora da ação do Paráclito. Isto deve-se ao fato de a comunicação que Deus faz de Si mesmo implicar sempre a relação entre o Filho e o Espírito Santo, a Quem Ireneu de Lião realmente chama "as duas mãos do Pai".[47] Aliás, é a Sagrada Escritura que nos indica a presença do Espírito Santo na história da salvação e, particularmente, na vida de Jesus, o Qual é concebido no seio da Virgem Maria por obra do Espírito Santo (cf. *Mt* 1, 18; *Lc* 1, 35); ao iniciar a sua missão pública nas margens do Jordão, vê-O descer sobre Si em forma de pomba (cf. *Mt* 3, 16); neste mesmo Espírito, Jesus age, fala e exulta (cf. *Lc* 10, 21); é no Espírito que Se oferece a Si mesmo (cf. *Hb* 9, 14). Quando está para terminar a sua missão – segundo narra o evangelista São João –, o próprio Jesus relaciona claramente o dom da sua vida com o envio do Espírito aos Seus (cf. *Jo* 16, 7). Depois Jesus ressuscitado, trazendo na sua carne os sinais da paixão, derrama o Espírito (cf. *Jo* 20, 22), tornando os

---

[47] *Adversus haereses*, IV, 7, 4: *PG* 7, 992-993; V, 1, 3: *PG* 7, 1123; V, 6, 1: *PG* 7, 1137; V, 28, 4: *PG* 7, 1200.

discípulos participantes da sua própria missão (cf. *Jo* 20, 21). O Espírito Santo ensinará aos discípulos todas as coisas, recordando-lhes tudo o que Cristo disse (cf. *Jo* 14, 26), porque será Ele, o Espírito de Verdade (cf. *Jo* 15, 26), a guiar os discípulos para a Verdade inteira (cf. *Jo* 16, 13). Por fim, como se lê nos *Atos dos Apóstolos*, o Espírito desce sobre os Doze reunidos em oração com Maria no dia de Pentecostes (cf. 2, 1-4) e anima-os na missão de anunciar a Boa Nova a todos os povos.[48]

Por conseguinte, a Palavra de Deus exprime-se em palavras humanas graças à obra do Espírito Santo. A missão do Filho e a do Espírito Santo são inseparáveis e constituem uma única economia da salvação. O mesmo Espírito, que atua na encarnação do Verbo no seio da Virgem Maria, guia Jesus ao longo de toda a sua missão e é prometido aos discípulos. O mesmo Espírito que falou por meio dos profetas, sustenta e inspira a Igreja no dever de anunciar a Palavra de Deus e na pregação dos Apóstolos; e, enfim, é este Espírito que inspira os autores das Sagradas Escrituras.

16. Conscientes deste horizonte pneumatológico, os Padres sinodais quiseram lembrar a importância da ação do Espírito Santo na vida da Igreja e no coração

---

[48] Cf. BENTO XVI, Exort. ap. pós-sinodal *Sacramentum caritatis* (22 de fevereiro de 2007), 12: *AAS* 99 (2007), 113-114.

dos fiéis relativamente à Sagrada Escritura:[49] sem a ação eficaz do "Espírito da Verdade" (*Jo* 14, 16), não se podem compreender as palavras do Senhor. Como recorda ainda Santo Ireneu: "Aqueles que não participam do Espírito não recebem do peito da sua mãe [a Igreja] o alimento da vida; nada recebem da fonte mais pura que brota do corpo de Cristo".[50] Tal como a Palavra de Deus vem até nós no corpo de Cristo, no corpo eucarístico e no corpo das Escrituras por meio do Espírito Santo, assim também só pode ser acolhida e compreendida verdadeiramente graças ao mesmo Espírito.

Os grandes escritores da tradição cristã são unânimes ao considerar o papel do Espírito Santo na relação que os fiéis devem ter com as Escrituras. São João Crisóstomo afirma que a Escritura "tem necessidade da revelação do Espírito, a fim de que, descobrindo o verdadeiro sentido das coisas que nela se encerram, disso mesmo tiremos abundante proveito".[51] Também São Jerônimo está firmemente convencido de que "não podemos chegar a compreender a Escritura sem a ajuda do Espírito Santo que a inspirou".[52] Depois, São Gregório Magno sublinha, de modo sugestivo, a obra

---

[49] Cf. *Propositio* 5.

[50] *Adversus haereses* III, 24, 1: *PG* 7, 966.

[51] *Homiliae in Genesim,* XXII, 1: *PG* 53, 175.

[52] *Epistula* 120, 10: *CSEL* 55, 500-506.

do mesmo Espírito na formação e na interpretação da Bíblia: "Ele mesmo criou as palavras dos Testamentos Sagrados, Ele mesmo as desvendou".[53] Ricardo de São Vítor recorda que são necessários "olhos de pomba", iluminados e instruídos pelo Espírito, para compreender o texto sagrado.[54]

Desejaria ainda sublinhar como é significativo o testemunho a respeito da relação entre o Espírito Santo e a Escritura que encontramos nos textos litúrgicos, onde a Palavra de Deus é proclamada, escutada e explicada aos fiéis. É o caso de antigas orações que, em forma de epiclese, invocam o Espírito antes da proclamação das leituras: "Mandai o vosso Espírito Santo Paráclito às nossas almas e fazei-nos compreender as Escrituras por Ele inspiradas; e concedei-me interpretá-las de maneira digna, para que os fiéis aqui reunidos delas tirem proveito". De igual modo, encontramos orações que, no fim da homilia, novamente invocam de Deus o dom do Espírito sobre os fiéis: "Deus salvador [...], nós Vos pedimos por este povo: Mandai sobre ele o Espírito Santo; o Senhor Jesus venha visitá-lo, fale à mente de todos e abra os corações à fé e conduza para

---

[53] *Homiliae in Ezechielem,* I, VII, 17: *CC* 142, 94.

[54] "Oculi ergo devotae animae sunt columbarum quia sensus eius per Spiritum sanctum sunt illuminati et edocti, spiritualia sapientes. [...] Nunc quidem aperitur animae talis sensus, ut intellegat Scripturas": RICARDO DE SÃO VÍTOR, *Explicatio in Cantica canticorum,* 15: *PL* 196, 450 B.D.

Vós as nossas almas, Deus das Misericórdias".[55] Por tudo isto bem podemos compreender que não é possível alcançar o sentido da Palavra, se não se acolhe a ação do Paráclito na Igreja e nos corações dos fiéis.

Tradição e Escritura

17. Reafirmando o vínculo profundo entre o Espírito Santo e a Palavra de Deus, lançamos também as bases para compreender o sentido e o valor decisivo da Tradição viva e das Sagradas Escrituras na Igreja. De fato, uma vez que Deus "amou de tal modo o mundo que lhe deu o seu Filho único" (*Jo* 3, 16), a Palavra divina, pronunciada no tempo, deu-Se e "entregou-Se" à Igreja definitivamente para que o anúncio da salvação possa ser eficazmente comunicado em todos os tempos e lugares. Como nos recorda a Constituição dogmática *Dei Verbum*, o próprio Jesus Cristo "mandou aos Apóstolos que pregassem a todos, como fonte de toda a verdade salutar e de toda a disciplina de costumes, o Evangelho prometido antes pelos profetas e por Ele cumprido e promulgado pessoalmente, comunicando-lhes assim os dons divinos. Isto foi realizado com fidelidade tanto pelos Apóstolos que, na sua pregação oral, exemplos e instituições, transmitiram aquilo que

---

[55] *Sacramentarium Serapionis* II (XX): *Didascalia et Constitutiones apostolorum*, ed. F. X. FUNK, II (Paderborn 1906), 161.

tinham recebido dos lábios, trato e obras de Cristo, e o que tinham aprendido por inspiração do Espírito Santo, como por aqueles Apóstolos e varões apostólicos que, sob a inspiração do Espírito Santo, escreveram a mensagem da salvação".[56]

Além disso o Concílio Vaticano II recorda que esta Tradição de origem apostólica é realidade viva e dinâmica: ela "progride na Igreja sob a assistência do Espírito Santo"; não no sentido de mudar na sua verdade, que é perene, mas "progride a percepção tanto das coisas como das palavras transmitidas", com a contemplação e o estudo, com a inteligência dada por uma experiência espiritual mais profunda, e por meio da "pregação daqueles que, com a sucessão do episcopado, receberam o carisma da verdade".[57]

A Tradição viva é essencial para que a Igreja, no tempo, possa crescer na compreensão da verdade revelada nas Escrituras; de fato, "mediante a mesma Tradição, conhece a Igreja o cânon inteiro dos livros sagrados, e a própria Sagrada Escritura entende-se nela mais profundamente e torna-se incessantemente operante".[58] Em última análise, é a Tradição viva da

---

[56] CONC. ECUM. VAT. II, Const. dogm. sobre a Revelação divina *Dei Verbum*, 7.

[57] *Ibid.*, 8.

[58] *Ibid.*, 8.

Igreja que nos faz compreender adequadamente a Sagrada Escritura como Palavra de Deus. Embora o Verbo de Deus preceda e exceda a Sagrada Escritura, todavia, enquanto inspirada por Deus, esta contém a Palavra divina (cf. *2 Tm* 3, 16) "de modo totalmente singular".[59]

18. Disto conclui-se como é importante que o Povo de Deus seja educado e formado claramente para se abeirar das Sagradas Escrituras na sua relação com a Tradição viva da Igreja, reconhecendo nelas a própria Palavra de Deus. É muito importante, do ponto de vista da vida espiritual, fazer crescer esta atitude nos fiéis. A este respeito pode ajudar a recordação de uma analogia desenvolvida pelos Padres da Igreja entre o Verbo de Deus que Se faz "carne" e a Palavra que se faz "livro".[60] A Constituição dogmática *Dei Verbum*, ao recolher esta tradição antiga segundo a qual "o corpo do Filho é a Escritura que nos foi transmitida" – como afirma Santo Ambrósio[61] –, declara: "As palavras de Deus, com efeito, expressas por línguas humanas, tornaram-se intimamente semelhantes à linguagem humana, como outrora o Verbo do eterno Pai Se assemelhou aos homens tomando a

---

[59] Cf. *Propositio* 3.

[60] Cf. *Mensagem final*, II, 5.

[61] *Expositio Evangelii secundum Lucam* 6, 33: *PL* 15, 1677.

carne da fraqueza humana".[62] Vista assim, a Sagrada Escritura, apesar da multiplicidade das suas formas e conteúdos, aparece-nos como uma realidade unitária. De fato, "através de todas as palavras da Sagrada Escritura, Deus não diz mais que uma só palavra, o seu Verbo único, em quem totalmente Se diz (cf. *Hb* 1, 1-3)",[63] como claramente afirmava já Santo Agostinho: "Lembrai-vos de que o discurso de Deus que se desenvolve em todas as Escrituras é um só, e um só é o Verbo que Se faz ouvir na boca de todos os escritores sagrados".[64]

Em última análise, através da obra do Espírito Santo e sob a guia do Magistério, a Igreja transmite a todas as gerações aquilo que foi revelado em Cristo. A Igreja vive na certeza de que o seu Senhor, tendo falado outrora, não cessa de comunicar hoje a sua Palavra na Tradição viva da Igreja e na Sagrada Escritura. De fato, a Palavra de Deus dá-se a nós na Sagrada Escritura, enquanto testemunho inspirado da revelação, que, juntamente com a Tradição viva da Igreja, constitui a regra suprema da fé.[65]

---

[62] CONC. ECUM. VAT. II, Const. dogm. sobre a Revelação divina *Dei Verbum*, 13.

[63] *Catecismo da Igreja Católica*, 102. Cf. também RUPERTO DE DEUTZ, *De operibus Spiritus Sancti*, I, 6: *SC* 131, 72-74.

[64] *Enarrationes in Psalmos*, 103, IV, 1: *PL* 37, 1378. Análogas afirmações em ORÍGENES, *In Iohannem* V, 5-6: SC 120, pp. 380-384.

[65] Cf. CONC. ECUM. VAT. II, Const. dogm. sobre a Revelação divina *Dei Verbum*, 21.

Sagrada Escritura, inspiração e verdade

19. Um conceito-chave para receber o texto sagrado como Palavra de Deus em palavras humanas é, sem dúvida, o de *inspiração*. Também aqui se pode sugerir uma analogia: assim como o Verbo de Deus Se fez carne por obra do Espírito Santo no seio da Virgem Maria, assim também a Sagrada Escritura nasce do seio da Igreja por obra do mesmo Espírito. A Sagrada Escritura é "Palavra de Deus enquanto foi escrita por inspiração do Espírito de Deus".[66] Deste modo se reconhece toda a importância do autor humano que escreveu os textos inspirados e, ao mesmo tempo, do próprio Deus como verdadeiro autor.

Daqui se vê com toda a clareza – lembraram os Padres sinodais – como o tema da inspiração é decisivo para uma adequada abordagem das Escrituras e para a sua correta hermenêutica,[67] que deve, por sua vez, ser feita no mesmo Espírito em que foi escrita.[68] Quando esmorece em nós a consciência da inspiração, corre-se o risco de ler a Escritura como objeto de curiosidade histórica e não como obra do Espírito Santo, na qual

---

[66] *Ibid.*, 9.

[67] Cf. *Propositiones* 5 e 12.

[68] Cf. CONC. ECUM. VAT. II, Const. dogm. sobre a Revelação divina *Dei Verbum*, 12.

podemos ouvir a própria voz do Senhor e conhecer a sua presença na história.

Além disso, os Padres sinodais puseram em evidência como ligado com o tema da inspiração esteja também o tema da *verdade das Escrituras*.[69] Por isso, um aprofundamento da dinâmica da inspiração levará, sem dúvida, também a uma maior compreensão da verdade contida nos livros sagrados. Como indica a doutrina conciliar sobre o tema, os livros inspirados ensinam a verdade: "E assim, como tudo quanto afirmam os autores inspirados ou hagiógrafos deve ser tido como afirmado pelo Espírito Santo, por isso mesmo se deve acreditar que os livros da Escritura ensinam com certeza, fielmente e sem erro a verdade que Deus, para nossa salvação, quis que fosse consignada nas sagradas Letras. Por isso, 'toda a Escritura é divinamente inspirada e útil para ensinar, para corrigir, para instruir na justiça: para que o homem de Deus seja perfeito, experimentado em todas as boas obras (*2 Tm* 3, 16-17 gr.)'".[70]

Não há dúvida que a reflexão teológica sempre considerou inspiração e verdade como dois conceitos-chave para uma hermenêutica eclesial das Sagradas

---

[69] Cf. *Propositio* 12.

[70] CONC. ECUM. VAT. II, Const. dogm. sobre a Revelação divina *Dei Verbum*, 11.

Escrituras. No entanto, deve-se reconhecer a necessidade atual de um condigno aprofundamento destas realidades, para se responder melhor às exigências relativas à interpretação dos textos sagrados segundo a sua natureza. Nesta perspectiva, desejo vivamente que a investigação possa avançar neste campo e dê fruto para a ciência bíblica e para a vida espiritual dos fiéis.

Deus Pai, fonte e origem da Palavra

20. A economia da revelação tem o seu início e a sua origem em Deus Pai. Pela sua palavra "foram feitos os céus, pelo sopro da sua boca todos os seus exércitos" (*Sl* 33, 6). É Ele que faz resplandecer "o conhecimento da glória de Deus, que se reflete na face de Cristo" (*2 Cor* 4, 6; cf. *Mt* 16, 17; *Lc* 9, 29).

No Filho, "*Logos* feito carne" (cf. *Jo* 1, 14), que veio para cumprir a vontade d'Aquele que O enviou (cf. *Jo* 4, 34), Deus, fonte da revelação, manifesta-Se como Pai e leva à perfeição a educação divina do homem, já anteriormente animada pela palavra dos profetas e pelas maravilhas realizadas na criação e na história do seu povo e de todos os homens. O apogeu da revelação de Deus Pai é oferecido pelo Filho com o dom do Paráclito (cf. *Jo* 14, 16), Espírito do Pai e do Filho, que nos "guiará para a verdade total" (*Jo* 16, 13).

Deste modo, todas as promessas de Deus se tornam "sim" em Jesus Cristo (cf. *2 Cor* 1, 20). Abre-se assim, para o homem, a possibilidade de percorrer o caminho que o conduz ao Pai (cf. *Jo* 14, 6), para que no fim "Deus seja tudo em todos" (*1 Cor* 15, 28).

21. Como mostra a cruz de Cristo, Deus fala também por meio do seu silêncio. O silêncio de Deus, a experiência da distância do Onipotente e Pai é etapa decisiva no caminho terreno do Filho de Deus, Palavra encarnada. Suspenso no madeiro da cruz, o sofrimento que Lhe causou tal silêncio fê-Lo lamentar: "Meu Deus, meu Deus, porque Me abandonaste?" (*Mc* 15, 34; *Mt* 27, 46). Avançando na obediência até ao último respiro, na obscuridade da morte, Jesus invocou o Pai. A Ele Se entregou no momento da passagem, através da morte, para a vida eterna: "Pai, nas tuas mãos, entrego o meu espírito" (*Lc* 23, 46).

Esta experiência de Jesus é sintomática da situação do homem que, depois de ter escutado e reconhecido a Palavra de Deus, deve confrontar-se também com o seu silêncio. É uma experiência vivida por muitos Santos e místicos, e que ainda hoje faz parte do caminho de muitos fiéis. O silêncio de Deus prolonga as suas palavras anteriores. Nestes momentos obscuros, Ele fala no mistério do seu silêncio. Portanto, na dinâmica da revelação cristã, o silêncio aparece como uma expressão importante da Palavra de Deus.

A RESPOSTA DO HOMEM A DEUS QUE FALA

Chamados a entrar na Aliança com Deus

22. Ao sublinhar a pluralidade de formas da Palavra, pudemos ver através de quantas modalidades Deus fala e vem ao encontro do homem, dando-Se a conhecer no diálogo. É certo que o diálogo, como afirmaram os Padres sinodais, "quando se refere à Revelação comporta *o primado* da Palavra de Deus dirigida ao homem".[71] O mistério da Aliança exprime esta relação entre Deus que chama através da sua Palavra e o homem que responde, sabendo claramente que não se trata de um encontro entre dois contraentes iguais; aquilo que designamos por Antiga e Nova Aliança não é um ato de entendimento entre duas partes iguais, mas puro dom de Deus. Por meio deste dom do seu amor, Ele, superando toda a distância, torna-nos verdadeiramente seus "parceiros", de modo a realizar o mistério nupcial do amor entre Cristo e a Igreja. Nesta perspectiva, todo o homem aparece como o destinatário da Palavra, interpelado e chamado a entrar, por uma

---

[71] *Propositio* 4.

resposta livre, em tal diálogo de amor. Assim Deus torna cada um de nós capaz de *escutar e responder* à Palavra divina. O homem é criado na Palavra e vive nela; e não se pode compreender a si mesmo, se não se abre a este diálogo. A Palavra de Deus revela a natureza filial e relacional da nossa vida. Por graça, somos verdadeiramente chamados a configurar-nos com Cristo, o Filho do Pai, e a ser transformados n'Ele.

Deus escuta o homem e responde às suas perguntas

23. Neste diálogo com Deus, compreendemo-nos a nós mesmos e encontramos resposta para as perguntas mais profundas que habitam no nosso coração. De fato, a Palavra de Deus não se contrapõe ao homem, nem mortifica os seus anseios verdadeiros; pelo contrário, ilumina-os, purifica-os e realiza-os. Como é importante, para o nosso tempo, descobrir que só *Deus responde à sede que está no coração de cada homem*! Infelizmente na nossa época, sobretudo no Ocidente, difundiu-se a ideia de que Deus é alheio à vida e aos problemas do homem; pior ainda, de que a sua presença pode até ser uma ameaça à autonomia humana. Na realidade, toda a economia da salvação mostra-nos que Deus fala e intervém na história a favor do homem e da sua salvação integral. Por conseguinte é decisivo,

do ponto de vista pastoral, apresentar a Palavra de Deus na sua capacidade de dialogar com os problemas que o homem deve enfrentar na vida diária. Jesus apresenta-Se-nos precisamente como Aquele que veio para que pudéssemos ter a vida em abundância (cf. *Jo* 10, 10). Por isso, devemos fazer todo o esforço para mostrar a Palavra de Deus precisamente como abertura aos próprios problemas, como resposta às próprias perguntas, uma dilatação dos próprios valores e, conjuntamente, uma satisfação das próprias aspirações. A pastoral da Igreja deve ilustrar claramente como Deus ouve a necessidade do homem e o seu apelo. São Boaventura afirma no *Breviloquium*: "O fruto da Sagrada Escritura não é um fruto qualquer, mas a plenitude da felicidade eterna. De fato, a Sagrada Escritura é precisamente o livro no qual estão escritas palavras de vida eterna, porque não só acreditamos mas também possuímos a vida eterna, em que veremos, amaremos e serão realizados todos os nossos desejos".[72]

Dialogar com Deus através das suas palavras

24. A Palavra divina introduz cada um de nós no diálogo com o Senhor: o Deus que fala, ensina-nos como podemos falar com Ele. Espontaneamente

---

[72] Prol.: *Opera Omnia*, V (Quaracchi 1891), pp. 201-202.

o pensamento detém-se no *Livro dos Salmos*, onde Ele nos fornece as palavras com que podemos dirigir-nos a Ele, levar a nossa vida para o colóquio com Ele, transformando assim a própria vida num movimento para Deus.[73] De fato, nos Salmos, encontramos articulada toda a gama de sentimentos que o homem pode ter na sua própria existência e que são sapientemente colocados diante de Deus; alegria e sofrimento, angústia e esperança, medo e perplexidade encontram lá a sua expressão. E, juntamente com os Salmos, pensamos também em numerosos textos da Sagrada Escritura que apresentam o homem a dirigir-se a Deus sob a forma de oração de intercessão (cf. *Ex* 33, 12-16), de canto de júbilo pela vitória (cf. *Ex* 15), ou de lamento no desempenho da própria missão (cf. *Jr* 20, 7-18). Deste modo, a palavra que o homem dirige a Deus torna-se também Palavra de Deus, como confirmação do caráter dialógico de toda a revelação cristã,[74] e a existência inteira do homem torna-se um diálogo com Deus que fala e escuta, que chama e dinamiza a nossa vida. Aqui a Palavra de Deus revela que toda a existência do homem está sob o chamamento divino.[75]

---

[73] Cf. BENTO XVI, *Discurso aos homens de cultura no "Collège des Bernardins" de Paris* (12 de setembro de 2008): *AAS* 100 (2008), 721-730.

[74] Cf. *Propositio* 4.

[75] Cf. *Relatio post disceptationem*, 12.

A Palavra de Deus e a fé

25. "A Deus que Se revela é devida 'a obediência da fé' (*Rm* 16, 26; cf. *Rm* 1, 5; 2 *Cor* 10, 5-6); pela fé, o homem entrega-se total e livremente a Deus oferecendo a Deus revelador 'o obséquio pleno da inteligência e da vontade' e prestando voluntário assentimento à sua revelação".[76] Com estas palavras, a Constituição dogmática *Dei Verbum* exprimiu de modo claro a atitude do homem diante de Deus. *A resposta própria do homem a Deus, que fala, é a fé.* Isto coloca em evidência que, "para acolher a Revelação, o homem deve abrir a mente e o coração à ação do Espírito Santo que lhe faz compreender a Palavra de Deus presente nas Sagradas Escrituras".[77] De fato, é precisamente a pregação da Palavra divina que faz surgir a fé, pela qual aderimos de coração à verdade que nos foi revelada e entregamos todo o nosso ser a Cristo: "A fé vem da pregação, e a pregação pela palavra de Cristo" (*Rm* 10, 17). Toda a história da salvação nos mostra progressivamente esta ligação íntima entre a Palavra de Deus e a fé que se realiza no encontro com Cristo. De fato, com Ele a fé toma a forma de encontro com uma Pessoa à qual se confia a própria vida. Cristo Jesus continua hoje presente, na

---

[76] CONC. ECUM. VAT. II, Const. dogm. sobre a Revelação divina *Dei Verbum*, 5.

[77] *Propositio* 4.

história, no seu corpo que é a Igreja; por isso, o ato da nossa fé é um ato simultaneamente pessoal e eclesial.

O pecado como não escuta da Palavra de Deus

26. A Palavra de Deus revela inevitavelmente também a dramática possibilidade que tem a liberdade do homem de subtrair-se a este diálogo de aliança com Deus, para o qual fomos criados. De fato, a Palavra divina desvenda também o pecado que habita no coração do homem. Muitas vezes encontramos, tanto no Antigo como no Novo Testamento, a descrição do pecado como *não escuta da Palavra*, como *ruptura da Aliança* e, consequentemente, como fechar-se a Deus que chama à comunhão com Ele.[78] Com efeito, a Sagrada Escritura mostra-nos como o pecado do homem é essencialmente desobediência e "não escuta". Precisamente a obediência radical de Jesus até à morte de Cruz (cf. *Fl* 2, 8) desmascara totalmente este pecado. Na sua obediência, realiza-se a Nova Aliança entre Deus e o homem e é-nos concedida a possibilidade da reconciliação. De fato, Jesus foi mandado pelo Pai como vítima de expiação pelos nossos pecados e pelos do mundo inteiro (cf. *1 Jo* 2, 2; 4, 10; *Hb* 7, 27). Assim,

---

[78] Por exemplo *Dt* 28, 1-2.15.45; 32, 1; nos grandes profetas cf. *Jr* 7, 22-28; *Ez* 2, 8; 3, 10; 6, 3; 13, 2; mas também nos menores: cf. *Zc* 3, 8. Em São Paulo, cf. *Rm* 10, 14-18; *1 Ts* 2, 13.

é-nos oferecida misericordiosamente a possibilidade da redenção e o início de uma vida nova em Cristo. Por isso, é importante que os fiéis sejam educados a reconhecer a raiz do pecado na não escuta da Palavra do Senhor e a acolher em Jesus, Verbo de Deus, o perdão que nos abre à salvação.

Maria "Mater Verbi Dei" e "Mater fidei"

27. Os Padres sinodais declararam que o objetivo fundamental da XII Assembleia foi "renovar a fé da Igreja na Palavra de Deus"; por isso é necessário olhar para uma pessoa em Quem a reciprocidade entre Palavra de Deus e fé foi perfeita, ou seja, para a Virgem Maria, "que, com o seu sim à Palavra da Aliança e à sua missão, realiza perfeitamente a vocação divina da humanidade".[79] A realidade humana, criada por meio do Verbo, encontra a sua figura perfeita precisamente na fé obediente de Maria. Desde a Anunciação ao Pentecostes, vemo-La como mulher totalmente disponível à vontade de Deus. É a Imaculada Conceição, Aquela que é "cheia de graça" de Deus (cf. *Lc* 1, 28), incondicionalmente dócil à Palavra divina (cf. *Lc* 1, 38). A sua fé obediente face à iniciativa de Deus plasma cada instante da sua vida. Virgem à escuta, vive em plena sintonia com a Palavra divina; conserva no seu

---

[79] *Propositio* 55.

coração os acontecimentos do seu Filho, compondo-os por assim dizer num único mosaico (cf. *Lc* 2, 19.51).[80]

No nosso tempo, é preciso que os fiéis sejam ajudados a descobrir melhor a ligação entre Maria de Nazaré e a escuta crente da Palavra divina. Exorto também os estudiosos a aprofundarem ainda mais a relação entre *mariologia e teologia da Palavra*. Daí poderá vir grande benefício tanto para a vida espiritual como para os estudos teológicos e bíblicos. De fato, quando a inteligência da fé olha um tema à luz de Maria, coloca-se no centro mais íntimo da verdade cristã. Na realidade, a encarnação do Verbo não pode ser pensada prescindindo da liberdade desta jovem mulher que, com o seu assentimento, coopera de modo decisivo para a entrada do Eterno no tempo. Ela é a figura da Igreja à escuta da Palavra de Deus que nela Se fez carne. Maria é também símbolo da abertura a Deus e aos outros; escuta ativa, que interioriza, assimila, na qual a Palavra se torna forma de vida.

28. Nesta ocasião, desejo chamar a atenção para a familiaridade de Maria com a Palavra de Deus. Isto transparece com particular vigor no *Magnificat*. Aqui, em certa medida, vê-se como Ela Se identifica com a Palavra, e nela entra; neste maravilhoso cântico de

---

[80] Cf. BENTO XVI, Exort. ap. pós-sinodal *Sacramentum caritatis* (22 de fevereiro de 2007), 33: *AAS* 99 (2007), 132-133.

fé, a Virgem exalta o Senhor com a sua própria Palavra: "O *Magnificat* – um retrato, por assim dizer, da sua alma – é inteiramente tecido de fios da Sagrada Escritura, com fios tirados da Palavra de Deus. Desta maneira se manifesta que Ela Se sente verdadeiramente em casa na Palavra de Deus, dela sai e a ela volta com naturalidade. Fala e pensa com a Palavra de Deus; esta torna-se Palavra d'Ela, e a sua palavra nasce da Palavra de Deus. Além disso, fica assim patente que os seus pensamentos estão em sintonia com os de Deus, que o d'Ela é um querer juntamente com Deus. Vivendo intimamente permeada pela Palavra de Deus, Ela pôde tornar-Se mãe da Palavra encarnada".[81]

Além disso, a referência à Mãe de Deus mostra--nos como o agir de Deus no mundo envolve sempre a nossa liberdade, porque, na fé, a Palavra divina transforma-nos. Também a nossa ação apostólica e pastoral não poderá jamais ser eficaz, se não aprendermos de Maria a deixar-nos plasmar pela ação de Deus em nós: "A atenção devota e amorosa à figura de Maria, como modelo e arquétipo da fé da Igreja, é de importância capital para efetuar também nos nossos dias uma mudança concreta de paradigma na relação da Igreja com a Palavra, tanto na atitude de escuta orante como

---

[81] BENTO XVI, Carta enc. *Deus caritas est* (25 de dezembro de 2005), 41: *AAS* 98 (2006), 251.

na generosidade do compromisso em prol da missão e do anúncio".[82]

Contemplando na Mãe de Deus uma vida modelada totalmente pela Palavra, descobrimo-nos também nós chamados a entrar no mistério da fé, pela qual Cristo vem habitar na nossa vida. Como nos recorda Santo Ambrósio, cada cristão que crê, em certo sentido, concebe e gera em si mesmo o Verbo de Deus: se há uma só Mãe de Cristo segundo a carne, segundo a fé, porém, Cristo é o fruto de todos.[83] Portanto, o que aconteceu em Maria pode voltar a acontecer em cada um de nós diariamente na escuta da Palavra e na celebração dos Sacramentos.

---

[82] *Propositio* 55.

[83] Cf. *Expositio Evangelii secundum Lucam* 2, 19: *PL* 15, 1559-1560.

A HERMENÊUTICA DA SAGRADA ESCRITURA NA IGREJA

A Igreja, lugar originário da hermenêutica da Bíblia

29. Outro grande tema surgido durante o Sínodo, sobre o qual quero debruçar-me agora, é *a interpretação da Sagrada Escritura na Igreja*. E precisamente a ligação intrínseca entre Palavra e fé põe em evidência que a autêntica hermenêutica da Bíblia só pode ser feita na fé eclesial, que tem o seu paradigma no sim de Maria. A este respeito, São Boaventura afirma que, sem a fé, não há chave de acesso ao texto sagrado: "Esta é o conhecimento de Jesus Cristo, do qual têm origem, como de uma fonte, a segurança e a inteligência de toda a Sagrada Escritura. Por isso é impossível que alguém possa entrar para a conhecer, se antes não tiver a fé infusa de Cristo que é lanterna, porta e também fundamento de toda a Escritura".[84] E São Tomás de Aquino, mencionando Santo Agostinho, insiste vigorosamente:

---

[84] *Breviloquium*, Prol.: *Opera Omnia,* V (Quaracchi 1891), p. 201-202.

"A letra do Evangelho também mata, se faltar a graça interior da fé que cura".[85]

Isto permite-nos assinalar um critério fundamental da hermenêutica bíblica: *o lugar originário da interpretação da Escritura é a vida da Igreja.* Esta afirmação não indica a referência eclesial como um critério extrínseco ao qual se devem submeter os exegetas, mas é uma exigência da própria realidade das Escrituras e do modo como se formaram ao longo do tempo. De fato, "as tradições de fé formavam o ambiente vital onde se inseriu a atividade literária dos autores da Sagrada Escritura. Esta inserção englobava também a participação na vida litúrgica e na atividade externa das comunidades, no seu mundo espiritual, na sua cultura e nas vicissitudes do seu destino histórico. Por isso, de modo semelhante, a interpretação da Sagrada Escritura exige a participação dos exegetas em toda a vida e em toda a fé da comunidade crente do seu tempo".[86] Por conseguinte, "devendo a Sagrada Escritura ser lida e interpretada com o mesmo Espírito com que foi escrita",[87] é preciso que os exegetas, os teólogos e todo o Povo de Deus se abeirem dela por

---

[85] *Summa theologiae*, Ia-IIae, q. 106, art. 2.

[86] PONT. COMISSÃO BÍBLICA, *A interpretação da Bíblia na Igreja* (15 de abril de 1993), III, A, 3: *Ench. Vat.* 13, n. 3035.

[87] CONC. ECUM. VAT. II, Const. dogm. sobre a Revelação divina *Dei Verbum*, 12.

aquilo que realmente é: como Palavra de Deus que Se nos comunica através de palavras humanas (cf. *1 Ts* 2, 13). Trata-se de um dado constante e implícito na própria Bíblia: "Nenhuma profecia da Escritura é de interpretação particular, porque jamais uma profecia foi proferida pela vontade dos homens. Inspirados pelo Espírito Santo é que os homens santos falaram em nome de Deus" (*2 Pd* 1, 20-21). Aliás, é precisamente a fé da Igreja que reconhece na Bíblia a Palavra de Deus; como admiravelmente diz Santo Agostinho, "não acreditaria no Evangelho se não me movesse a isso a autoridade da Igreja Católica".[88] O Espírito Santo, que anima a vida da Igreja, é que torna capaz de interpretar autenticamente as Escrituras. A Bíblia é o livro da Igreja e, a partir da imanência dela na vida eclesial, brota também a sua verdadeira hermenêutica.

30. São Jerônimo recorda que, sozinhos, nunca poderemos ler a Escritura. Encontramos demasiadas portas fechadas e caímos facilmente em erro. A Bíblia foi escrita pelo Povo de Deus e para o Povo de Deus, sob a inspiração do Espírito Santo. Somente com o "nós", isto é, nesta comunhão com o Povo de Deus, podemos realmente entrar no núcleo da verdade que o próprio Deus nos quer dizer.[89] Aquele grande

---

[88] *Contra epistolam Manichaei quam vocant fundamenti*, V, 6: *PL* 42, 176.

[89] Cf. BENTO XVI, *Audiência Geral* (14 de novembro de 2007): *Insegnamenti* III/2 (2007), 586-591.

estudioso, para quem "a ignorância das Escrituras é ignorância de Cristo",[90] afirma que o caráter eclesial da interpretação bíblica não é uma exigência imposta do exterior; o Livro é precisamente a voz do Povo de Deus peregrino, e só na fé deste Povo é que estamos, por assim dizer, na tonalidade justa para compreender a Sagrada Escritura. Uma autêntica interpretação da Bíblia deve estar sempre em harmônica concordância com a fé da Igreja Católica. Jerônimo escrevia assim a um sacerdote: "Permanece firmemente apegado à doutrina tradicional que te foi ensinada, para que possas exortar segundo a sã doutrina e rebater aqueles que a contradizem".[91]

Abordagens do texto sagrado que prescindam da fé podem sugerir elementos interessantes ao deterem-se sobre a estrutura do texto e as suas formas; inevitavelmente, porém, tal tentativa seria apenas preliminar e estruturalmente incompleta. De fato, como foi afirmado pela Pontifícia Comissão Bíblica, repercutindo um princípio compartilhado na hermenêutica moderna, "o justo conhecimento do texto bíblico só é acessível a quem tem uma afinidade vital com aquilo de que fala o texto".[92] Tudo isto põe em relevo a relação entre a vida

---

[90] *Commentariorum in Isaiam libri*, Prol.: *PL* 24, 17.

[91] *Epistula* 52, 7: *CSEL* 54, 426.

[92] PONT. COMISSÃO BÍBLICA, *A interpretação da Bíblia na Igreja* (15 de abril de 1993), II, A, 2: *Ench. Vat.* 13, n. 2988.

espiritual e a hermenêutica da Escritura. De fato, "com o crescimento da vida no Espírito, cresce também no leitor a compreensão das realidades de que fala o texto bíblico".[93] Uma intensa e verdadeira experiência eclesial não pode deixar de incrementar a inteligência da fé autêntica a respeito da Palavra de Deus; e, vice-versa, a leitura na fé das Escrituras faz crescer a própria vida eclesial. Daqui podemos compreender de um modo novo a conhecida afirmação de São Gregório Magno: "As palavras divinas crescem juntamente com quem as lê".[94] Assim, a escuta da Palavra de Deus introduz e incrementa a comunhão eclesial com todos os que caminham na fé.

"A alma da sagrada teologia"

31. "O estudo destes sagrados livros deve ser como que a alma da sagrada teologia":[95] esta afirmação da Constituição dogmática *Dei Verbum* foi-se-nos tornando ao longo destes anos cada vez mais familiar. Podemos dizer que o período suces-

---

[93] *Ibid.*, II, A, 2: *o.c.*, n. 2991.

[94] *Homiliae in Ezechielem* I, VII, 8: *PL* 76, 843 D.

[95] CONC. ECUM. VAT. II, Const. dogm. sobre a Revelação divina *Dei Verbum*, 24; cf. LEÃO XIII, Carta enc. *Providentissimus Deus* (18 de novembro de 1893), Pars II, sub fine: *ASS* 26 (1893-94), 269-292; BENTO XV, Carta enc. *Spiritus Paraclitus* (15 de setembro de 1920), Pars III: *AAS* 12 (1920), 385-422.

sivo ao Concílio Vaticano II, no que se refere aos estudos teológicos e exegéticos, citou frequentemente esta frase como símbolo do renovado interesse pela Sagrada Escritura. Também a XII Assembleia do Sínodo dos Bispos se referiu várias vezes a esta conhecida afirmação, para indicar a relação entre investigação histórica e hermenêutica da fé aplicadas ao texto sagrado. Nesta perspectiva, os Padres reconheceram, com alegria, o crescimento do estudo da Palavra de Deus na Igreja ao longo dos últimos decênios e exprimiram *um vivo agradecimento aos numerosos exegetas e teólogos* que, com a sua dedicação, empenho e competência, deram e ainda dão uma contribuição essencial para o aprofundamento do sentido das Escrituras, enfrentando os problemas complexos que o nosso tempo coloca à investigação bíblica.[96] Expressaram sentimentos de *sincera gratidão também aos membros da Pontifícia Comissão Bíblica* que se sucederam nestes últimos anos e que, em estreita relação com a Congregação para a Doutrina da Fé, continuam a dar o seu qualificado contributo para enfrentar questões peculiares inerentes ao estudo da Sagrada Escritura. Além disso, o Sínodo sentiu a necessidade de se interrogar sobre o estado dos estudos bíblicos atuais e sobre a sua relevância no âmbito teológico. De fato, da relação

---

[96] Cf. *Propositio* 26.

fecunda entre exegese e teologia depende, em grande parte, a eficácia pastoral da ação da Igreja e da vida espiritual dos fiéis. Por isso, considero importante retomar algumas reflexões surgidas no debate havido sobre este tema nos trabalhos do Sínodo.

Desenvolvimento da investigação bíblica e Magistério eclesial

32. Em primeiro lugar, é preciso reconhecer os benefícios que a exegese histórico-crítica e os outros métodos de análise do texto, desenvolvidos em tempos mais recentes, trouxeram para a vida da Igreja.[97] Segundo a visão católica da Sagrada Escritura, a atenção a estes métodos é imprescindível e está ligada ao realismo da encarnação: "Esta necessidade é a consequência do princípio cristão formulado no Evangelho de João 1, 14: *Verbum caro factum est*. O fato histórico é uma dimensão constitutiva da fé cristã. A história da salvação não é uma mitologia, mas uma verdadeira história e, por isso, deve-se estudar com os métodos de uma investigação histórica séria".[98] Por isso, o estudo da Bíblia exige o conhecimento e o uso apropriado destes métodos de pesquisa. Se é verdade que esta sensibilidade no âmbito dos estudos se

---

[97] Cf. PONT. COMISSÃO BÍBLICA, *A interpretação da Bíblia na Igreja* (15 de abril de 1993), A-B: *Ench. Vat.* 13, n. 2846-3150.

[98] BENTO XVI, *Intervenção na XIV Congregação Geral do Sínodo* (14 de Outubro de 2008): *Insegnamenti* IV/2 (2008), 492; cf. *Propositio* 25.

desenvolveu mais intensamente na época moderna, embora não de igual modo por toda a parte, todavia na sã tradição eclesial sempre houve amor pelo estudo da "letra". Basta recordar aqui a cultura monástica, à qual em última análise devemos o fundamento da cultura europeia: na sua raiz, está o interesse pela palavra. O desejo de Deus inclui o amor pela palavra em todas as suas dimensões: "Visto que, na Palavra bíblica, Deus caminha para nós e nós para Ele, é preciso aprender a penetrar no segredo da língua, compreendê-la na sua estrutura e no seu modo de se exprimir. Assim, devido precisamente à procura de Deus, tornam-se importantes as ciências profanas que nos indicam as vias rumo à língua".[99]

33. O Magistério vivo da Igreja, ao qual compete "o encargo de interpretar autenticamente a Palavra de Deus escrita ou contida na Tradição",[100] interveio com sapiente equilíbrio relativamente à justa posição a tomar face à introdução dos novos métodos de análise histórica. Refiro-me, de modo particular, às encíclicas *Providentissimus Deus* do Papa Leão XIII e *Divino affl ante Spiritu* do Papa Pio XII. O meu venerável predecessor João Paulo II recordou a importância destes documentos para a exegese e a teologia, por ocasião da

---

[99] BENTO XVI, *Discurso aos homens de cultura no "Collège des Bernardins" de Paris* (12 de setembro de 2008): *AAS* 100 (2008), 722-723.

[100] CONC. ECUM. VAT. II, Const. dogm. sobre a Revelação divina *Dei Verbum*, 10.

celebração do centenário e cinquentenário respectivamente da sua publicação.[101] A intervenção do Papa Leão XIII teve o mérito de proteger a interpretação católica da Bíblia dos ataques do racionalismo, sem contudo se refugiar num sentido espiritual separado da história. Não desprezava a crítica científica; desconfiava-se somente "das opiniões preconcebidas que pretendem fundar-se sobre a ciência mas, na realidade, fazem astuciosamente sair a ciência do seu campo".[102] Por sua vez, o Papa Pio XII encontrava-se perante os ataques dos adeptos duma exegese chamada mística, que recusava qualquer abordagem científica. Com grande sensibilidade, a Encíclica *Divino affl ante Spiritu* evitou que se desenvolvesse a ideia de uma dicotomia entre a "exegese científica" para o uso apologético e a "interpretação espiritual reservada ao uso interno", afirmando, pelo contrário, quer o "alcance teológico do sentido literal metodicamente definido", quer a pertença da "determinação do sentido espiritual [...] ao campo da ciência exegética".[103] De tal modo ambos os documentos recusam "a ruptura entre o humano e o divino, entre a pesquisa científica e a visão da fé,

---

[101] Cf. JOÃO PAULO II, *Discurso por ocasião do centenário da* Providentissimus Deus *e do cinquentenário da* Divino affl ante Spiritu (23 de abril de 1993): *AAS* 86 (1994), 232-243.

[102] *Ibid.*, 4: *o.c.*, 235.

[103] *Ibid.*, 5: *o.c.*, 235.

entre o sentido literal e o sentido espiritual".[104] Este equilíbrio foi, sucessivamente, expresso no documento de 1993 da Pontifícia Comissão Bíblica: "No seu trabalho de interpretação, os exegetas católicos jamais devem esquecer que interpretam a Palavra de Deus. A sua tarefa não termina depois que distinguiram as fontes, definiram as formas ou explicaram os processos literários. O objetivo do seu trabalho só está alcançado quando tiverem esclarecido o significado do texto bíblico como Palavra atual de Deus".[105]

A hermenêutica bíblica conciliar: uma indicação a acolher

34. A partir deste horizonte, podem-se apreciar melhor os grandes princípios da interpretação próprios da exegese católica expressos pelo Concílio Vaticano II, particularmente na Constituição dogmática *Dei Verbum*: "Como, porém, Deus na Sagrada Escritura falou por meio dos homens e à maneira humana, o intérprete da Sagrada Escritura, para saber o que Ele quis comunicar-nos, deve investigar com atenção o que os hagiógrafos realmente quiseram significar e que aprouve a Deus manifestar por meio

---

[104] *Ibid.*, 5: *o.c.*, 236.

[105] PONT. COMISSÃO BÍBLICA, *A interpretação da Bíblia na Igreja* (15 de abril de 1993), III, C, 1: *Ench. Vat.* 13, n. 3065.

das suas palavras".[106] O Concílio, por um lado, sublinha, como elementos fundamentais para identificar o significado pretendido pelo hagiógrafo, o estudo dos gêneros literários e a contextualização; por outro, devendo a Escritura ser interpretada no mesmo Espírito em que foi escrita, a Constituição dogmática indica três critérios de base para se respeitar a dimensão divina da Bíblia: 1) interpretar o texto tendo presente *a unidade de toda a Escritura*; isto hoje chama-se exegese canônica; 2) ter presente *a Tradição viva de toda a Igreja*; 3) observar *a analogia da fé*. "Somente quando se observam os dois níveis metodológicos, histórico-crítico e teológico, é que se pode falar de uma exegese teológica, de uma exegese adequada a este Livro".[107]

Os Padres sinodais afirmaram, justamente, que o fruto positivo produzido pelo uso da investigação histórico-crítica moderna é inegável. Mas, enquanto a exegese acadêmica atual, mesmo católica, trabalha a alto nível no que se refere à metodologia histórico-crítica, incluindo as suas mais recentes integrações, é forçoso exigir um estudo análogo da dimensão teológica dos textos bíblicos, para que progrida o apro-

---

[106] N. 12.

[107] BENTO XVI, *Intervenção na XIV Congregação Geral do Sínodo* (14 de Outubro de 2008): *Insegnamenti* IV/2 (2008), 493; cf. *Propositio* 25.

fundamento segundo os três elementos indicados pela Constituição dogmática *Dei Verbum*.[108]

O perigo do dualismo e a hermenêutica secularizada

35. A este propósito, é preciso sublinhar hoje o grave risco de um dualismo que se gera ao abordar as Sagradas Escrituras. De fato, distinguindo os dois níveis da abordagem bíblica, não se pretende de modo algum separá-los, contrapô-los, ou simplesmente justapô-los. Só funcionam em reciprocidade. Infelizmente, não raro uma infrutífera separação dos mesmos leva a exegese e a teologia a comportarem-se como estranhas; e isto "acontece mesmo aos níveis acadêmicos mais altos".[109] Desejo aqui lembrar as consequências mais preocupantes que se devem evitar.

a) Antes de mais nada, se a atividade exegética se reduz só ao primeiro nível, consequentemente a própria Escritura torna-se *um texto só do passado*: "Daí podem-se tirar consequências morais, pode-se aprender a história, mas o Livro como tal fala só do passado e a exegese já não é realmente teoló-

---

[108] Cf. *Propositio* 26.
[109] *Propositio* 27.

gica, mas torna-se pura historiografia, história da literatura".[110] É claro que, numa tal redução, não é possível de modo algum compreender o acontecimento da revelação de Deus através da sua Palavra que nos é transmitida na Tradição viva e na Escritura.

b) A falta de uma hermenêutica da fé na abordagem da Escritura não se apresenta apenas em termos de uma ausência; o seu lugar acaba inevitavelmente ocupado por outra hermenêutica, *uma hermenêutica secularizada*, positivista, cuja chave fundamental é a convicção de que o Divino não aparece na história humana. Segundo esta hermenêutica, quando parecer que há um elemento divino, isso deve-se explicar de outro modo, reduzindo tudo ao elemento humano. Consequentemente propõem-se interpretações que negam a historicidade dos elementos divinos.[111]

c) Uma tal posição não pode deixar de danificar a vida da Igreja, fazendo surgir dúvidas sobre mistérios fundamentais do cristianismo e sobre o seu valor histórico, como, por exemplo, a instituição da Eucaristia e a ressurreição de Cristo. De fato, assim impõe-se uma

---

[110] BENTO XVI, *Intervenção na XIV Congregação Geral do Sínodo* (14 de Outubro de 2008): *Insegnamenti* IV/2 (2008), 493; cf. *Propositio* 26.

[111] Cf. *ibid.*: *o.c.* 493; *Propositio* 26.

hermenêutica filosófica, que nega a possibilidade de ingresso e presença do Divino na história. A assunção de tal hermenêutica no âmbito dos estudos teológicos introduz, inevitavelmente, um gravoso dualismo entre a exegese, que se situa unicamente no primeiro nível, e a teologia que leva a uma espiritualização do sentido das Escrituras não respeitadora do caráter histórico da revelação.

Tudo isto não pode deixar de resultar negativo também para a vida espiritual e a atividade pastoral; "a consequência da ausência do segundo nível metodológico é que se criou um fosso profundo entre exegese científica e *lectio divina*. E precisamente daqui nasce às vezes uma forma de perplexidade na própria preparação das homilias".[112] Além disso, há que assinalar que tal dualismo produz às vezes incerteza e pouca solidez no caminho de formação intelectual mesmo de alguns candidatos aos ministérios eclesiais.[113] Enfim, "onde a exegese não é teologia, a Escritura não pode ser a alma da teologia e, vice-versa, onde a teologia não é essencialmente interpretação da Escritura na Igreja, esta teologia já não tem fundamento".[114] Portanto, é necessário vol-

---

[112] *Ibid.: o.c.* 493; cf. *Propositio* 26.

[113] Cf. *Propositio* 27.

[114] BENTO XVI, *Intervenção na XIV Congregação Geral do Sínodo* (14 de outubro de 2008): *Insegnamenti* IV/2 (2008), 493-494.

tar decididamente a considerar com mais atenção as indicações dadas pela Constituição dogmática *Dei Verbum* a este propósito.

Fé e razão na abordagem da Escritura

36. Creio que pode contribuir para uma compreensão mais completa da exegese e, consequentemente, da sua relação com a teologia inteira aquilo que escreveu o Papa João Paulo II na Encíclica *Fides et ratio* a este respeito. Afirmava ele que não se deve subestimar "o perigo que existe quando se quer individuar a verdade da Sagrada Escritura com a aplicação de uma única metodologia, esquecendo a necessidade de uma exegese mais ampla que permita o acesso, em união com toda a Igreja, ao sentido pleno dos textos. Os que se dedicam ao estudo da Sagrada Escritura nunca devem esquecer que as diversas metodologias hermenêuticas têm também na sua base uma concepção filosófica: é preciso examiná-las com grande discernimento, antes de as aplicar aos textos sagrados".[115]

Esta clarividente reflexão permite-nos ver como, na abordagem hermenêutica da Sagrada Escritura, está em jogo inevitavelmente a relação correta entre fé e razão. De fato, a hermenêutica

---

[115] JOÃO PAULO II, Carta enc. *Fides et ratio* (14 de setembro de 1998), 55: *AAS* 91 (1999), 49-50.

secularizada da Sagrada Escritura é atuada por uma razão que quer estruturalmente fechar-se à possibilidade de Deus entrar na vida dos homens e falar aos homens com palavras humanas. Por isso é necessário, também neste caso, convidar a *alargar os espaços da própria racionalidade*.[116] Na utilização dos métodos de análise histórica, dever-se-á evitar de assumir, sempre que aparecem, critérios que preconceituosamente se fechem à revelação de Deus na vida dos homens. A unidade dos dois níveis do trabalho interpretativo da Sagrada Escritura pressupõe, em última análise, uma *harmonia entre a fé e a razão*. Por um lado, é necessária uma fé que, mantendo uma adequada relação com a reta razão, nunca degenere em fideísmo, que se tornaria, a respeito da Escritura, fautor de leituras fundamentalistas. Por outro, é necessária uma razão que, investigando os elementos históricos presentes na Bíblia, se mostre aberta e não recuse aprioristicamente tudo o que excede a própria medida. Aliás, a religião do *Logos* encarnado não poderá deixar de apresentar-se profundamente razoável ao homem que sinceramente procura a verdade e o sentido último da própria vida e da história.

---

[116] Cf. BENTO XVI, *Discurso no IV Congresso Nacional da Igreja em Itália* (19 de outubro de 2006): *AAS* 98 (2006), 804-815.

Sentido literal e sentido espiritual

37. Como foi afirmado na assembleia sinodal, um significativo contributo para a recuperação de uma adequada hermenêutica da Escritura provém de uma renovada escuta dos Padres da Igreja e da sua abordagem exegética.[117] Com efeito, os Padres da Igreja oferecem-nos, ainda hoje, uma teologia de grande valor, porque no centro está o estudo da Sagrada Escritura na sua integridade. De fato, os Padres são primária e essencialmente "comentadores da Sagrada Escritura".[118] O seu exemplo pode "ensinar aos exegetas modernos uma abordagem verdadeiramente religiosa da Sagrada Escritura, e também uma interpretação que se atém constantemente ao critério de comunhão com a experiência da Igreja, que caminha através da história sob a guia do Espírito Santo".[119]

Apesar de não conhecer, obviamente, os recursos de ordem filológica e histórica à disposição da exegese moderna, a tradição patrística e medieval sabia reconhecer os vários sentidos da Escritura, a começar pelo literal, isto é, "o expresso pelas palavras da Escritura e descoberto pela exegese segundo as regras da reta

---

[117] Cf. *Propositio* 6.

[118] Cf. SANTO AGOSTINHO, *De libero arbitrio*, III, XXI, 59: *PL* 32, 1300; *De Trinitate*, II, I, 2: *PL* 42, 845.

[119] CONGR. PARA A EDUCAÇÃO CATÓLICA, Instr. *Inspectis dierum* (10 de novembro de 1989), 26: *AAS* 82 (1990), 618.

interpretação".[120] Por exemplo, São Tomás de Aquino afirma: "Todos os sentidos da Sagrada Escritura se fundamentam no literal".[121] É preciso, porém, recordar-se de que, no período patrístico e medieval, toda a forma de exegese, incluindo a literal, era feita com base na fé, não havendo necessariamente distinção entre *sentido literal* e *sentido espiritual*. A propósito, recorde-se o dístico clássico que traduz a relação entre os diversos sentidos da Escritura:

"Littera gesta docet, quid credas allegoria,
Moralis quid agas, quo tendas anagogia.
A letra ensina-te os fatos [passados], a alegoria o que deves crer,
A moral o que deves fazer, a anagogia para onde deves tender".[122]

Sobressai aqui a unidade e a articulação entre *sentido literal e sentido espiritual*, o qual, por sua vez, se subdivide em três sentidos que descrevem os conteúdos da fé, da moral e da tensão escatológica.

Em suma, reconhecendo o valor e a necessidade – apesar dos seus limites – do método histórico-crítico, pela exegese patrística, aprendemos que "só se é fiel à intencionalidade dos textos bíblicos na medida em que se procura encontrar, no coração da sua formulação, a realidade de fé que os mesmos exprimem e em que se

---

[120] *Catecismo da Igreja Católica*, 116.

[121] *Summa theologiae*, I, q.1, art.10, ad 1.

[122] *Catecismo da Igreja Católica*, 118.

liga esta realidade com a experiência crente do nosso mundo".[123] Somente nesta perspectiva se pode reconhecer que a Palavra de Deus é viva e se dirige a cada um de nós no momento presente da nossa vida. Continua assim plenamente válida a afirmação da Pontifícia Comissão Bíblica que define o sentido espiritual, segundo a fé cristã, como "o sentido expresso pelos textos bíblicos quando são lidos sob o influxo do Espírito Santo no contexto do mistério pascal de Cristo e da vida nova que dele resulta. Este contexto existe efetivamente. O Novo Testamento reconhece nele o cumprimento das Escrituras. Por isso, é normal reler as Escrituras à luz deste novo contexto, o da vida no Espírito".[124]

A necessária superação da "letra"

38. Para se recuperar a articulação entre os diversos sentidos da Escritura, torna-se então decisivo identificar *a passagem entre letra e espírito*. Não se trata de uma passagem automática e espontânea; antes, é preciso transcender a letra: "de fato, a Palavra do próprio Deus nunca se apresenta na simples literalidade do texto. Para alcançá-la, é preciso transcender a literalidade num processo de compreensão, que se

---

[123] PONT. COMISSÃO BÍBLICA, *A interpretação da Bíblia na Igreja* (15 de abril de 1993), II, A, 2: *Ench. Vat.* 13, n. 2987.

[124] *Ibid.*, II, B, 2: *o.c.*, n. 3003.

deixa guiar pelo movimento interior do conjunto e, portanto, deve tornar-se também um processo de vida".[125] Descobrimos assim o motivo por que um autêntico processo interpretativo nunca é apenas intelectual, mas também vital, que requer o pleno envolvimento na vida eclesial enquanto vida "segundo o Espírito" (*Gl* 5, 16). Deste modo tornam-se mais claros os critérios evidenciados pelo número 12 da Constituição dogmática *Dei Verbum*: a referida superação não pode verificar-se no fragmento literário individual mas em relação com a totalidade da Escritura. De fato, é uma única Palavra aquela para a qual somos chamados a transcender. Este processo possui uma íntima dramaticidade, porque, no processo de superação, a passagem que acontece em virtude do Espírito tem inevitavelmente a ver também com a liberdade de cada um. São Paulo viveu plenamente na sua própria vida esta passagem. O que significa transcender a letra e a sua compreensão unicamente a partir do conjunto, expressou-o ele de modo radical nesta frase: "*A letra mata, mas o Espírito vivifica*" (*2 Cor* 3, 6). São Paulo descobre que "o Espírito libertador tem um nome e que a liberdade tem, consequentemente, uma medida interior: 'O Senhor é Espírito, e onde está o Espírito do Senhor há liberdade' (*2 Cor* 3, 17). O Espírito libertador

---

[125] BENTO XVI, *Discurso aos homens de cultura no "Collège des Bernardins" de Paris* (12 de setembro de 2008): *AAS* 100 (2008), 726.

não é simplesmente a própria ideia, a visão pessoal de quem interpreta. O Espírito é Cristo, e Cristo é o Senhor que nos indica a estrada".[126] Sabemos como esta passagem foi dramática e simultaneamente libertadora em Santo Agostinho; ele acreditou nas Escrituras, que antes se lhe apresentavam muito diversificadas em si mesmas e às vezes indelicadas, precisamente por esta superação que aprendeu de Santo Ambrósio mediante a interpretação tipológica, segundo a qual todo o Antigo Testamento é um caminho para Jesus Cristo. Para Santo Agostinho, transcender a letra tornou credível a própria letra e permitiu-lhe encontrar finalmente a resposta às profundas inquietações do seu espírito, sedento da verdade.[127]

A unidade intrínseca da Bíblia

39. Na escola da grande tradição da Igreja, aprendemos na passagem da letra ao espírito a identificar também a unidade de toda a Escritura, pois única é a Palavra de Deus que interpela a nossa vida, chamando-a constantemente à conversão.[128] Continuam a ser para nós uma guia segura as ex-

---

[126] *Ibid.: o.c.*, 726.

[127] Cf. BENTO XVI, *Audiência Geral* (9 de janeiro de 2008): *Insegnamenti* IV/1 (2008), 41-45.

[128] Cf. *Propositio* 29.

pressões de Hugo de São Vítor: "Toda a Escritura divina constitui um único livro e este único livro é Cristo, fala de Cristo e encontra em Cristo a sua realização".[129] É certo que a Bíblia, vista sob o aspecto puramente histórico ou literário, não é simplesmente um livro, mas uma coletânea de textos literários, cuja redação se estende por mais de um milênio e cujos diversos livros não são facilmente reconhecíveis como partes duma unidade interior; antes, há tensões palpáveis entre eles. Se isto já se verifica no interior da Bíblia de Israel, que nós, cristãos, chamamos Antigo Testamento, muito mais quando nós, como cristãos, ligamos o Novo Testamento e os seus escritos – como se fosse a chave hermenêutica – com a Bíblia de Israel interpretando-a como caminho para Cristo. No Novo Testamento, aparece menos a expressão "a Escritura" (cf. *Rm* 4, 3; *1 Pd* 1, 6), do que "as Escrituras" (cf. *Mt* 21, 43; *Jo* 5, 39; *Rm* 1, 2; *2 Pd* 3, 16), que porém, no seu conjunto, são depois consideradas como a única Palavra de Deus dirigida a nós.[130] Por isso se vê claramente como é a pessoa de Cristo que dá unidade a todas as "Escrituras" postas em relação com a única "Palavra". Compreende-se assim a afirmação do número

---

[129] *De arca Noe*, 2, 8: *PL* 176, 642 C-D.

[130] Cf. BENTO XVI, *Discurso aos homens de cultura no "Collège des Bernardins" de Paris* (12 de setembro de 2008): *AAS* 100 (2008), 725.

12 da Constituição dogmática *Dei Verbum*, quando indica a unidade interna de toda a Bíblia como critério decisivo para uma correta hermenêutica da fé.

A relação entre Antigo e Novo Testamento

40. Na perspectiva da unidade das Escrituras em Cristo, tanto os teólogos como os pastores necessitam de estar conscientes das relações entre o Antigo e o Novo Testamento. Em primeiro lugar, é evidente que *o próprio Novo Testamento reconhece o Antigo Testamento como Palavra de Deus* e, por conseguinte, admite a autoridade das Sagradas Escrituras do povo judeu.[131] Reconhece-as implicitamente, quando usa a mesma linguagem e frequentemente alude a trechos destas Escrituras; reconhece-as explicitamente, porque cita muitas partes servindo-se delas para argumentar. Uma argumentação baseada nos textos do Antigo Testamento reveste-se assim, no Novo Testamento, de um valor decisivo, superior ao de raciocínios simplesmente humanos. No quarto Evangelho, a este propósito Jesus declara que "a Escritura não pode ser anulada" (*Jo* 10, 35) e São Paulo especifica de modo particular que a revelação do Antigo Testamento continua a valer para

---

[131] Cf. *Propositio* 10; PONT. COMISSÃO BÍBLICA, *O povo judeu e as suas sagradas Escrituras na Bíblia cristã* (24 de maio de 2001), 3-5: *Ench. Vat.* 20, n. 748-755.

nós, cristãos (cf. *Rm* 15, 4; *1 Cor* 10, 11).[132] Além disso, afirmamos que "Jesus de Nazaré foi um judeu e a Terra Santa é terra-mãe da Igreja";[133] a raiz do cristianismo encontra-se no Antigo Testamento e sempre se nutre desta raiz. Por isso a sã doutrina cristã sempre recusou qualquer forma emergente de marcionismo, que tende de diversos modos a contrapor entre si o Antigo e o Novo Testamento.[134]

Além disso, o próprio Novo Testamento se diz em conformidade com o Antigo e proclama que, no mistério da vida, morte e ressurreição de Cristo, encontraram o seu perfeito cumprimento as Escrituras Sagradas do povo judeu. Mas é preciso notar que o conceito de cumprimento das Escrituras é complexo, porque comporta uma tríplice dimensão: um aspecto fundamental de *continuidade* com a revelação do Antigo Testamento, um aspecto de *ruptura* e um aspecto de *cumprimento e superação.* O mistério de Cristo está em continuidade de intenção com o culto sacrificial do Antigo Testamento; mas realizou-se de um modo muito diferente, que corresponde a muitos oráculos dos profetas, e alcançou assim uma perfeição nunca

---

[132] Cf. *Catecismo da Igreja Católica*, 121-122.

[133] *Propositio* 52.

[134] Cf. PONT. COMISSÃO BÍBLICA, *O povo judeu e as suas sagradas Escrituras na Bíblia cristã* (24 de maio de 2001), 19: *Ench. Vat.* 20, n. 799-801; ORÍGENES, *Homilia sobre Números* 9, 4: *SC* 415, 238-242.

antes obtida. De fato, o Antigo Testamento está cheio de tensões entre os seus aspectos institucionais e os seus aspectos proféticos. O mistério pascal de Cristo está plenamente de acordo – embora de uma forma que era imprevisível – com as profecias e o aspecto prefigurativo das Escrituras; mas apresenta evidentes aspectos de descontinuidade relativamente às instituições do Antigo Testamento.

41. Estas considerações mostram assim a importância insubstituível do Antigo Testamento para os cristãos, mas ao mesmo tempo evidenciam *a originalidade da leitura cristológica*. Desde os tempos apostólicos e depois na Tradição viva, a Igreja deixou clara a unidade do plano divino nos dois Testamentos graças à tipologia, que não tem caráter arbitrário mas é intrínseca aos acontecimentos narrados pelo texto sagrado e, por conseguinte, diz respeito a toda a Escritura. A tipologia "descobre nas obras de Deus, na Antiga Aliança, prefigurações do que o mesmo Deus realizou, na plenitude dos tempos, na pessoa do seu Filho encarnado".[135] Por isso os cristãos leem o Antigo Testamento à luz de Cristo morto e ressuscitado. Se a leitura tipológica revela o conteúdo inesgotável do Antigo Testamento relativamente ao Novo, não deve todavia fazer-nos

---

[135] *Catecismo da Igreja Católica*, 128.

esquecer que aquele mantém o seu próprio valor de Revelação que Nosso Senhor veio reafirmar (cf. *Mc* 12, 29-31). Por isso "também o Novo Testamento requer ser lido à luz do Antigo. A catequese cristã primitiva recorreu constantemente a este método (cf. *1 Cor* 5, 6-8; 10, 1-11)".[136] Por este motivo, os Padres sinodais afirmaram que "a compreensão judaica da Bíblia pode ajudar a inteligência e o estudo das Escrituras por parte dos cristãos".[137]

Assim se exprimia, com aguda sabedoria, Santo Agostinho sobre este tema: "O Novo Testamento está oculto no Antigo e o Antigo está patente no Novo".[138] Deste modo, tanto em âmbito pastoral como em âmbito acadêmico, importa que seja colocada bem em evidência a relação íntima entre os dois Testamentos, recordando com São Gregório Magno que aquilo que "o Antigo Testamento prometeu, o Novo Testamento fê-lo ver; o que aquele anuncia de maneira oculta, este proclama abertamente como presente. Por isso, o Antigo Testamento é profecia do Novo Testamento; e o melhor comentário do Antigo Testamento é o Novo Testamento".[139]

---

[136] *Ibid.*, 129.

[137] *Propositio* 52.

[138] *Quaestiones in Heptateuchum*, 2, 73: *PL* 34, 623.

[139] *Homiliae in Ezechielem*, I, VI, 15: *PL* 76, 836 B.

As páginas "obscuras" da Bíblia

42. No contexto da relação entre Antigo e Novo Testamento, o Sínodo enfrentou também o caso de páginas da Bíblia que às vezes se apresentam obscuras e difíceis por causa da violência e imoralidade nelas referidas. Em relação a isto, deve-se ter presente antes de mais nada que *a revelação bíblica está profundamente radicada na história*. Nela se vai *progressivamente* manifestando o desígnio de Deus, atuando-se lentamente ao longo de *etapas sucessivas*, não obstante a resistência dos homens. Deus escolhe um povo e, pacientemente, realiza a sua educação. A revelação adapta-se ao nível cultural e moral de épocas antigas, referindo consequentemente fatos e usos como, por exemplo, manobras fraudulentas, intervenções violentas, extermínio de populações, sem denunciar explicitamente a sua imoralidade. Isto explica-se a partir do contexto histórico, mas pode surpreender o leitor moderno, sobretudo quando se esquecem tantos comportamentos "obscuros" que os homens sempre tiveram ao longo dos séculos, inclusive nos nossos dias. No Antigo Testamento, a pregação dos profetas ergue-se vigorosamente contra todo o tipo de injustiça e de violência, coletiva ou individual, tornando-se assim o instrumento da educação dada por Deus ao seu povo como preparação para o Evangelho. Seria, pois, errado não considerar aqueles passos da Escritura que nos

aparecem problemáticos. Entretanto deve-se ter consciência de que a leitura destas páginas requer a aquisição de uma adequada competência, através duma formação que leia os textos no seu contexto histórico-literário e na perspectiva cristã, que tem como chave hermenêutica última "o Evangelho e o mandamento novo de Jesus Cristo realizado no mistério pascal".[140] Por isso exorto os estudiosos e os Pastores a ajudarem todos os fiéis a abeirar-se também destas páginas por meio de uma leitura que leve a descobrir o seu significado à luz do mistério de Cristo.

Cristãos e judeus, relativamente às Sagradas Escrituras

43. Depois de considerar a íntima relação que une o Novo Testamento ao Antigo, é espontâneo fixar a atenção no vínculo peculiar que isso cria entre cristãos e judeus, um vínculo que não deveria jamais ser esquecido. Aos judeus, o Papa João Paulo II declarou: sois "os nossos 'irmãos prediletos' na fé de Abraão, nosso patriarca".[141] Por certo, estas afirmações não significam ignorar as rupturas atestadas no Novo Testamento relativamente às instituições do Antigo Testamento e

---

[140] *Propositio* 29.

[141] JOÃO PAULO II, *Mensagem ao Rabino-Chefe de Roma* (22 de maio de 2004): *Insegnamenti* 27/1 (2004), 655.

menos ainda o cumprimento das Escrituras no mistério de Jesus Cristo, reconhecido Messias e Filho de Deus. Mas esta diferença profunda e radical não implica de modo algum hostilidade recíproca. Pelo contrário, o exemplo de São Paulo (cf. *Rm* 9–11) demonstra que "uma atitude de respeito, estima e amor pelo povo judeu é a única atitude verdadeiramente cristã nesta situação que, misteriosamente, faz parte do desígnio totalmente positivo de Deus".[142] De fato, o Apóstolo afirma que os judeus, "quanto à escolha divina, são amados por causa dos Patriarcas, pois os dons e o chamamento de Deus são irrevogáveis" (*Rm* 11, 28-29).

Além disso, usa a bela imagem da oliveira para descrever as relações muito estreitas entre cristãos e judeus: a Igreja dos gentios é como um rebento de oliveira brava enxertado na oliveira boa que é o povo da Aliança (cf. *Rm* 11, 17-24). Alimentamo-nos, pois, das mesmas raízes espirituais. Encontramo-nos como irmãos; irmãos que em certos momentos da sua história tiveram um relacionamento tenso, mas agora estão firmemente comprometidos na construção de pontes de amizade duradoura.[143] Como disse o Papa João Paulo II noutra ocasião: "Temos muito em comum. Juntos

---

[142] PONT. COMISSÃO BÍBLICA, *O povo judeu e as suas sagradas Escrituras na Bíblia cristã* (24 de maio de 2001), 87: *Ench. Vat.* 20, n. 1150.

[143] Cf. BENTO XVI, *Discurso de despedida no Aeroporto Ben Gurion de Telavive* (15 de maio de 2009): *Insegnamenti* V/1 (2009), 847-849.

podemos fazer muito pela paz, pela justiça e por um mundo mais fraterno e mais humano".[144]

Desejo afirmar uma vez mais quão precioso é para a Igreja o *diálogo com os judeus*. É bom que, onde isto se apresentar como oportuno, se criem possibilidades mesmo públicas de encontro e diálogo, que favoreçam o crescimento do conhecimento mútuo, da estima recíproca e da colaboração inclusive no próprio estudo das Sagradas Escrituras.

A interpretação fundamentalista da Sagrada Escritura

44. A atenção que quisemos dar até agora ao tema da hermenêutica bíblica, nos seus diversos aspectos, permite-nos abordar o tema – muitas vezes aflorado no debate sinodal – da interpretação fundamentalista da Sagrada Escritura.[145] Sobre este tema, a Pontifícia Comissão Bíblica, no documento *A interpretação da Bíblia na Igreja*, formulou indicações importantes. Neste contexto, desejo chamar a atenção sobretudo para aquelas leituras que não respeitam o texto sagrado na sua natureza autêntica, promovendo *interpretações subjetivistas e arbitrárias*. Na realidade, o "literalis-

---

[144] JOÃO PAULO II, *Discurso aos Rabinos-Chefes de Israel* (23 de março de 2000): *Insegnamenti* 23/1 (2000), 434.

[145] Cf. *Propositiones* 46 e 47.

mo" propugnado pela leitura fundamentalista constitui uma traição tanto do sentido literal como do espiritual, abrindo caminho a instrumentalizações de variada natureza, difundindo por exemplo interpretações antieclesiais das próprias Escrituras. O aspecto problemático da "leitura fundamentalista é que, recusando ter em conta o caráter histórico da revelação bíblica, torna-se incapaz de aceitar plenamente a verdade da própria Encarnação. O fundamentalismo evita a íntima ligação do divino e do humano nas relações com Deus. [...] Por este motivo, tende a tratar o texto bíblico como se fosse ditado palavra por palavra pelo Espírito e não chega a reconhecer que a Palavra de Deus foi formulada numa linguagem e numa fraseologia condicionadas por uma dada época".[146] Ao contrário, o cristianismo divisa *nas* palavras *a* Palavra, o próprio *Logos*, que estende o seu mistério através de tal multiplicidade e da realidade de uma história humana.[147] A verdadeira resposta a uma leitura fundamentalista é "a leitura crente da Sagrada Escritura, praticada desde a antiguidade na Tradição da Igreja. [Tal leitura] procura a verdade salvífica para a vida do indivíduo fiel e para a Igreja. Esta leitura reconhece o valor histórico da tradição bíblica. Preci-

---

[146] PONT. COMISSÃO BÍBLICA, *A interpretação da Bíblia na Igreja* (15 de abril de 1993), I, F: *Ench. Vat.* 13, n. 2974.

[147] Cf. BENTO XVI, *Discurso aos homens de cultura no "Collège des Bernardins" de Paris* (12 de setembro de 2008): *AAS* 100 (2008), 726.

samente por este valor de testemunho histórico é que ela quer descobrir o significado vivo das Sagradas Escrituras destinadas também à vida do fiel de hoje",[148] sem ignorar, portanto, a mediação humana do texto inspirado e os seus gêneros literários.

Diálogo entre Pastores, teólogos e exegetas

45. A autêntica hermenêutica da fé acarreta algumas consequências importantes no âmbito da atividade pastoral da Igreja. Precisamente a este respeito, os Padres sinodais recomendaram, por exemplo, um relacionamento mais assíduo entre Pastores, exegetas e teólogos. É bom que as Conferências Episcopais favoreçam estes encontros com o "fim de promover uma maior comunhão no serviço da Palavra de Deus".[149] Tal cooperação ajudará a todos a realizarem melhor o próprio trabalho em benefício da Igreja inteira. De fato, situar-se no horizonte do trabalho pastoral quer dizer, mesmo para os estudiosos, olhar o texto sagrado na sua natureza de comunicação que o Senhor faz aos homens para a salvação. Portanto, como afirmou a Constituição dogmática *Dei Verbum*, "é preciso que os exegetas católicos e demais estudiosos da sagrada teologia trabalhem em íntima colaboração de esforços,

---

[148] *Propositio* 46.

[149] *Propositio* 28.

para que, sob a vigilância do sagrado magistério, lançando mão de meios aptos, estudem e expliquem as divinas Letras, de modo que o maior número possível de ministros da Palavra de Deus possa oferecer com fruto ao Povo de Deus o alimento das Escrituras, que ilumine o espírito, robusteça as vontades e inflame os corações dos homens no amor de Deus".[150]

Bíblia e ecumenismo

46. Na certeza de que a Igreja tem o seu fundamento em Cristo, Verbo de Deus feito carne, o Sínodo quis sublinhar a centralidade dos estudos bíblicos no diálogo ecumênico, que visa a plena expressão da unidade de todos os crentes em Cristo.[151] De fato, na própria Escritura, encontramos a comovente súplica de Jesus ao Pai pelos seus discípulos para que sejam um só a fim de que o mundo creia (cf. *Jo* 17, 21). Tudo isto nos fortalece na convicção de que escutar e meditar juntos as Escrituras nos faz viver uma comunhão real, embora ainda não plena;[152] pois "a

---

[150] CONC. ECUM. VAT. II, Const. dogm. sobre a Revelação divina *Dei Verbum*, 23.

[151] Em todo o caso não se esqueça que, relativamente aos chamados Livros Deuterocanónicos do Antigo Testamento e à sua inspiração, os católicos e os ortodoxos não possuem exatamente o mesmo cânon bíblico que os anglicanos e os protestantes.

[152] Cf. *Relatio post disceptationem*, 36.

escuta comum das Escrituras impele ao diálogo da caridade e faz crescer o da verdade".[153] De fato, ouvir juntos a Palavra de Deus, praticar a *lectio divina* da Bíblia, deixar-se surpreender pela novidade que nunca envelhece e jamais se esgota da Palavra de Deus, superar a nossa surdez àquelas palavras que não estão de acordo com as nossas opiniões ou preconceitos, escutar e estudar na comunhão dos fiéis de todos os tempos: tudo isto constitui um caminho a percorrer para alcançar a unidade da fé, como resposta à escuta da Palavra.[154] Verdadeiramente esclarecedoras eram estas palavras do Concílio Vaticano II: "No próprio diálogo [ecumênico], a Sagrada Escritura é um exímio instrumento da poderosa mão de Deus para a consecução daquela unidade que o Salvador oferece a todos os homens".[155] Por isso, é bom incrementar o estudo, o diálogo e as celebrações ecumênicas da Palavra de Deus, no respeito das regras vigentes e das diversas tradições.[156] Estas celebrações são úteis à causa ecumênica e, se vividas no seu verdadeiro significado, constituem momentos intensos de autêntica oração nos quais se pede a Deus para apressar o

---

[153] *Propositio* 36.

[154] Cf. BENTO XVI, *Discurso no XI Conselho Ordinário da Secretaria Geral do Sínodo dos Bispos* (25 de janeiro de 2007): *AAS* 99 (2007), 85-86.

[155] CONC. ECUM. VAT. II, Decr. sobre o ecumenismo *Unitatis redintegratio*, 21.

[156] Cf. *Propositio* 36.

suspirado dia em que será possível abeirar-nos todos da mesma mesa e beber do único cálice. Entretanto, na justa e louvável promoção destes momentos, faça--se de modo que os mesmos não sejam propostos aos fiéis em substituição da participação na Santa Missa nos dias de preceito.

Neste trabalho de estudo e de oração, reconhecemos com serenidade também os aspectos que requerem ser aprofundados e que nos mantêm ainda distantes, como, por exemplo, a compreensão do sujeito da interpretação com autoridade na Igreja e o papel decisivo do Magistério.[157]

Além disso queria sublinhar o que os Padres sinodais disseram da importância que têm, neste trabalho ecumênico, as *traduções da Bíblia nas diversas línguas*. De fato, sabemos que traduzir um texto não é trabalho meramente mecânico, mas faz parte em certo sentido do trabalho interpretativo. A este respeito, o Venerável João Paulo II afirmou: "Quem recorda como influíram nas divisões, especialmente no Ocidente, os debates em torno da Escritura, pode compreender quanto seja notável o passo em frente representado por tais traduções comuns".[158] Por isso, a promoção

---

[157] Cf. CONC. ECUM. VAT. II, Const. dogm. sobre a Revelação divina *Dei Verbum*, 10.

[158] Carta enc. *Ut unum sint* (25 de maio de 1995), 44: *AAS* 87 (1995), 947.

das traduções comuns da Bíblia faz parte do trabalho ecumênico. Desejo aqui agradecer a todos os que estão comprometidos nesta importante tarefa e encorajá-los a continuarem na sua obra.

Consequências sobre a organização dos estudos teológicos

47. Outra consequência que deriva de uma adequada hermenêutica da fé diz respeito à necessidade de mostrar as suas implicações na formação exegética e teológica, particularmente dos candidatos ao sacerdócio. Faça-se com que o estudo da Sagrada Escritura seja verdadeiramente a alma da teologia, enquanto se reconhece nela a Palavra que Deus hoje dirige ao mundo, à Igreja e a cada um pessoalmente. É importante que os critérios indicados pelo número 12 da Constituição dogmática *Dei Verbum* sejam efetivamente tomados em consideração e se tornem objeto de aprofundamento. Evite-se cultivar uma noção de pesquisa científica, que se considera neutral face à Escritura. Por isso, juntamente com o estudo das línguas próprias em que foi escrita a Bíblia e dos métodos interpretativos adequados, é necessário que os estudantes tenham uma profunda vida espiritual, para se aperceberem de que só é possível compreender a Escritura se a viverem.

Nesta perspectiva, recomendo que o estudo da Palavra de Deus, transmitida e escrita, se verifique sempre em profundo espírito eclesial, tendo em devida conta, na formação acadêmica, as intervenções sobre estas temáticas feitas pelo Magistério, o qual "não está acima da palavra de Deus, mas sim ao seu serviço, ensinando apenas o que foi transmitido, enquanto, por mandato divino e com a assistência do Espírito Santo, a ouve piamente, a guarda religiosamente e a expõe fielmente".[159] Portanto tenha-se o cuidado de que os estudos se realizem reconhecendo que "a sagrada Tradição, a sagrada Escritura e o magistério da Igreja, segundo o sapientíssimo desígnio de Deus, de tal maneira se unem e associam que um sem os outros não se mantém".[160] Desejo pois que, segundo a doutrina do Concílio Vaticano II, o estudo da Sagrada Escritura, lida na comunhão da Igreja universal, seja realmente como que a alma do estudo teológico.[161]

Os Santos e a interpretação da Escritura

48. A interpretação da Sagrada Escritura ficaria incompleta se não se ouvisse também *quem viveu ver-*

---

[159] CONC. ECUM. VAT. II, Const. dogm. sobre a Revelação divina *Dei Verbum*, 10.

[160] *Ibid.*, 10.

[161] Cf. *ibid.*, 24.

dadeiramente a Palavra de Deus, ou seja, os Santos.[162] De fato, *"viva lectio est vita bonorum"*.[163] Realmente a interpretação mais profunda da Escritura provém precisamente daqueles que se deixaram plasmar pela Palavra de Deus, através da sua escuta, leitura e meditação assídua.

Certamente não é por acaso que as grandes espiritualidades, que marcaram a história da Igreja, nasceram de uma explícita referência à Escritura. Penso, por exemplo, em Santo Antão Abade, que se decide ao ouvir esta palavra de Cristo: "Se queres ser perfeito, vai, vende tudo o que possuíres, dá o dinheiro aos pobres, e terás um tesouro no céus; depois, vem e segue-Me" (*Mt* 19, 21).[164] Igualmente sugestivo é São Basílio Magno, quando, na sua obra *Moralia*, se interroga: "O que é próprio da fé? Certeza plena e segura da verdade das palavras inspiradas por Deus. [...] O que é próprio do fiel? Com tal certeza plena, conformar-se com o significado das palavras da Escritura, sem ousar tirar nem acrescentar seja o que for".[165] São Bento, na sua *Regra*, remete para a Escritura como "norma retíssima para a vida do homem".[166] São Francisco de Assis –

---

[162] Cf. *Propositio* 22.

[163] SÃO GREGÓRIO MAGNO, *Moralia in Job* 24, 8, 16: *PL* 76, 295.

[164] Cf. SANTO ATANÁSIO, *Vita Antonii*, II: *PL* 73, 127.

[165] *Moralia, Regula* 80, 22: *PG* 31, 867.

[166] *Regra* 73, 3: *SC* 182, 672.

escreve Tomás de Celano – "ao ouvir que os discípulos de Cristo não devem possuir ouro, nem prata, nem dinheiro, não devem trazer alforge, nem pão, nem cajado para o caminho, não devem ter vários pares de calçado, nem duas túnicas, [...] logo exclamou, transbordando de Espírito Santo: Com todo o coração isto quero, isto peço, isto anseio realizar!".[167] E Santa Clara de Assis reproduz plenamente a experiência de São Francisco: "A forma de vida da Ordem das Irmãs pobres [...] é esta: observar o santo Evangelho do Senhor nosso Jesus Cristo".[168] Por sua vez, São Domingos de Gusmão "em toda a parte se manifestava como um homem evangélico, tanto nas palavras como nas obras",[169] e tais queria que fossem também os seus padres pregadores: "homens evangélicos".[170] Santa Teresa de Ávila, nos seus escritos, recorre continuamente a imagens bíblicas para explicar a sua experiência mística, e lembra que o próprio Jesus lhe manifesta que "todo o mal do mundo deriva de não se conhecer claramente a verdade da Sagrada Escritura".[171] Santa Teresa do Menino Jesus

---

[167] TOMÁS DE CELANO, *Vita prima Sancti Francisci*, IX, 22: *Fontes franciscani*, 356.

[168] *Regra* I, 1-2: *Fontes franciscani*, 2750.

[169] BEATO JORDÃO DA SAXÓNIA, *Libellus de principiis Ordinis Praedicatorum*, 104: *Monumenta Fratrum Praedicatorum Historica*, 16 (Roma 1935), p. 75.

[170] ORDEM DOS PADRES PREGADORES, *Primeiras Constituições ou Costumes*, II, 31.

[171] *Vida* 40, 1.

encontra o Amor como sua vocação pessoal, quando perscruta as Escrituras, em particular os capítulos 12 e 13 da *Primeira Carta aos Coríntios*;[172] e a mesma Santa assim nos descreve o fascínio das Escrituras: "Apenas lanço o olhar sobre o Evangelho, imediatamente respiro os perfumes da vida de Jesus e sei para onde correr".[173] Cada Santo constitui uma espécie de raio de luz que brota da Palavra de Deus: assim o vemos também em Santo Inácio de Loyola na sua busca da verdade e no discernimento espiritual; em São João Bosco na sua paixão pela educação dos jovens; em São João Maria Vianney na sua consciência da grandeza do sacerdócio como dom e dever; em São Pio de Pietrelcina no seu ser instrumento da misericórdia divina; em São Josemaria Escrivá na sua pregação sobre a vocação universal à santidade; na Beata Teresa de Calcutá missionária da caridade de Deus pelos últimos; e nos mártires do nazismo e do comunismo representados, os primeiros, por Santa Teresa Benedita da Cruz (Edith Stein), monja carmelita, e os segundos pelo Beato Aloísio Stepinac, Cardeal Arcebispo de Zagrábia.

49. Assim a santidade relacionada com a Palavra de Deus inscreve-se de certo modo na tradição profética, na qual a Palavra de Deus se serve da própria

---

[172] Cf. *História de uma alma*, Manuscrito B, 3vº.

[173] *Ibid.*, Manuscrito C, 35vº.

vida do profeta. Neste sentido, a santidade na Igreja representa uma hermenêutica da Escritura da qual ninguém pode prescindir. O Espírito Santo que inspirou os autores sagrados é o mesmo que anima os Santos a darem a vida pelo Evangelho. Entrar na sua escola constitui um caminho seguro para efetuar uma hermenêutica viva e eficaz da Palavra de Deus.

Tivemos um testemunho direto desta ligação entre Palavra de Deus e santidade durante a XII Assembleia do Sínodo quando, a 12 de outubro na Praça de São Pedro, se realizou a canonização de quatro novos Santos: o sacerdote Caetano Errico, fundador da Congregação dos Missionários dos Sagrados Corações de Jesus e de Maria; a Irmã Maria Bernarda Bütler, nascida na Suíça e missionária no Equador e na Colômbia; a Irmã Afonsa da Imaculada Conceição, primeira santa canonizada nascida na Índia; a jovem leiga equatoriana Narcisa de Jesus Martillo Morán. Com a sua vida, deram testemunho ao mundo e à Igreja da perene fecundidade do Evangelho de Cristo. Pedimos ao Senhor que, por intercessão destes Santos canonizados precisamente nos dias da assembleia sinodal sobre a Palavra de Deus, a nossa vida seja aquele "terreno bom" onde o Semeador divino possa semear a Palavra para que produza em nós frutos de santidade, a "trinta, sessenta, e cem por um" (*Mc* 4, 20).

II PARTE
VERBUM IN ECCLESIA

*"A todos os que O receberam, deu-lhes o
poder de se tornarem filhos de Deus"
(Jo 1, 12)*

A PALAVRA DE DEUS E A IGREJA

A Igreja acolhe a Palavra

50. O Senhor pronuncia a sua Palavra para que seja acolhida por aqueles que foram criados precisamente "por meio" do Verbo. "Veio ao que era Seu" (*Jo* 1, 11): desde as origens, a Palavra tem a ver conosco e a criação foi desejada numa relação de familiaridade com a vida divina. O Prólogo do quarto Evangelho apresenta-nos também a rejeição da Palavra divina por parte dos "Seus" que "não O receberam" (*Jo* 1, 11). Não recebê-Lo quer dizer não ouvir a sua voz, não se configurar ao *Logos*. Mas, quando o homem, apesar de frágil e pecador, se abre sinceramente ao encontro com Cristo, começa uma transformação radical: "A todos os que O receberam, [...] deu-lhes o poder de se tornarem filhos de Deus" (*Jo* 1, 12). Receber o Verbo significa deixar-se plasmar por Ele, para se tornar, pelo poder do Espírito Santo, conforme a Cristo, ao "Filho Único que vem do Pai" (*Jo* 1, 14). É o início de uma nova criação: nasce a criatura nova, um povo novo. Aqueles que creem, ou seja, aqueles que vivem a obediência da fé "nasceram de Deus" (*Jo* 1, 13), são feitos participantes da vida divina: *filhos no Filho* (cf.

Gl 4, 5-6; *Rm* 8, 14-17). Santo Agostinho, comentando este trecho do *Evangelho de João*, afirma de modo sugestivo: "Por meio do Verbo foste feito, mas é necessário que por meio do Verbo sejas refeito".[174] Vemos esboçar-se aqui o rosto da Igreja como realidade que se define pelo acolhimento do Verbo de Deus, que, encarnando, colocou *a sua tenda entre nós* (cf. *Jo* 1, 14). Esta morada de Deus entre os homens – a *shekinah* (cf. *Ex* 26, 1) –, prefigurada no Antigo Testamento, realiza-se agora com a presença definitiva de Deus no meio dos homens em Cristo.

Contemporaneidade de Cristo na vida da Igreja

51. A relação entre Cristo, Palavra do Pai, e a Igreja não pode ser compreendida em termos de um acontecimento simplesmente passado, mas trata-se de uma relação vital na qual cada fiel, pessoalmente, é chamado a entrar. Realmente, falamos da Palavra de Deus que está hoje presente conosco: "Eu estarei sempre convosco, até ao fim do mundo" (*Mt* 28, 20). Como afirmou o Papa João Paulo II, "a contemporaneidade de Cristo com o homem de cada época realiza-se no seu corpo, que é a Igreja. Por esta razão, o Senhor prometeu aos seus discípulos o Espírito Santo, que lhes haveria de 'lembrar' e fazer compreender os seus

---

[174] *In Iohannis Evangelium Tractatus*, I, 12: *PL* 35, 1385.

mandamentos (cf. *Jo* 14, 26) e seria o princípio fontal de uma nova vida no mundo (cf. *Jo* 3, 5-8; *Rm* 8, 1-13)".[175] A Constituição dogmática *Dei Verbum* expressa este mistério com os termos bíblicos de um diálogo nupcial: "Deus, que outrora falou, dialoga sem interrupção com a esposa do seu amado Filho; e o Espírito Santo – por quem ressoa a voz do Evangelho na Igreja e, pela Igreja, no mundo – introduz os crentes na verdade plena e faz com que a palavra de Cristo neles habite em toda a sua riqueza (cf. *Cl* 3, 16)".[176]

Mestra de escuta, a Esposa de Cristo repete, com fé, também hoje: "Falai, Senhor, que a vossa Igreja Vos escuta".[177] Por isso, a Constituição dogmática *Dei Verbum* começa com estes termos: "O sagrado Concílio, ouvindo religiosamente a Palavra de Deus e proclamando-a com confiança...".[178] Com efeito, trata-se de uma definição dinâmica da vida da Igreja: "São palavras com as quais o Concílio indica um aspecto qualificante da Igreja: esta é uma comunidade que escuta e anuncia a Palavra de Deus. A Igreja não vive de si mesma, mas do Evangelho; e do Evangelho tira, sem cessar, orientação para o seu caminho. Temos aqui uma advertência que cada cristão deve acolher e aplicar

---

[175] Carta enc. *Veritatis splendor* (6 de agosto de 1993), 25: *AAS* 85 (1993), 1153.

[176] N. 8.

[177] *Relatio post disceptationem*, 11.

[178] N. 1.

a si mesmo: só quem se coloca primeiro à escuta da Palavra é que pode depois tornar-se seu anunciador".[179] Na Palavra de Deus proclamada e ouvida e nos Sacramentos, Jesus hoje, aqui e agora, diz a cada um: "Eu sou teu, dou-Me a ti", para que o homem O possa acolher e responder-Lhe dizendo por sua vez: "Eu sou teu".[180] Assim a Igreja apresenta-se como o âmbito onde podemos, por graça, experimentar o que diz o Prólogo de João: "A todos os que O receberam, deu-lhes o poder de se tornarem filhos de Deus" (*Jo* 1, 12).

---

[179] BENTO XVI, *Discurso no Congresso Internacional "A Sagrada Escritura na vida da Igreja"* (16 de setembro de 2005): *AAS* 97 (2005), 956.

[180] Cf. *Relatio post disceptationem*, 10.

LITURGIA, LUGAR PRIVILEGIADO DA PALAVRA DE DEUS

A Palavra de Deus na sagrada Liturgia

52. Considerando a Igreja como *"casa da Palavra"*,[181] deve-se antes de tudo dar atenção à Liturgia sagrada. Esta constitui, efetivamente, o âmbito privilegiado onde Deus nos fala no momento presente da nossa vida: fala hoje ao seu povo, que escuta e responde. Cada ação litúrgica está, por sua natureza, impregnada da Sagrada Escritura. Como afirma a Constituição *Sacrosanctum Concilium*, "é enorme a importância da Sagrada Escritura na celebração da Liturgia. Porque é a ela que se vão buscar as leituras que se explicam na homilia e os salmos para cantar; com o seu espírito e da sua inspiração nasceram as preces, as orações e os hinos litúrgicos; dela tiram a sua capacidade de significação as ações e os sinais".[182] Mais ainda, deve-se afirmar que o próprio Cristo "está

---

[181] *Mensagem final*, III, 6.

[182] CONC. ECUM. VAT. II, Const. sobre a sagrada Liturgia *Sacrosanctum Concilium*, 24.

presente na sua palavra, pois é Ele que fala ao ser lida na Igreja a Sagrada Escritura".[183] Com efeito, "a celebração litúrgica torna-se uma contínua, plena e eficaz proclamação da Palavra de Deus. Por isso, constantemente anunciada na liturgia, a Palavra de Deus permanece viva e eficaz pela força do Espírito Santo, e manifesta aquele amor operante do Pai que não cessa jamais de agir em favor de todos os homens".[184] De fato, a Igreja sempre mostrou ter consciência de que, na ação litúrgica, a Palavra de Deus é acompanhada pela ação íntima do Espírito Santo que a torna operante no coração dos fiéis. Na realidade, graças ao Paráclito é que "a Palavra de Deus se torna fundamento da ação litúrgica, norma e sustentáculo da vida inteira. A ação do próprio Espírito Santo [...] sugere a cada um, no íntimo do coração, tudo aquilo que, na proclamação da Palavra de Deus, é dito para a assembleia inteira dos fiéis e, enquanto reforça a unidade de todos, favorece também a diversidade dos carismas e valoriza a ação multiforme".[185]

Por isso, para a compreensão da Palavra de Deus, é necessário entender e viver o valor essencial da ação litúrgica. Em certo sentido, a *hermenêutica da fé relativamente à Sagrada Escritura deve ter sempre como*

---

[183] *Ibid.*, 7.

[184] *Ordenamento das Leituras da Missa*, 4.

[185] *Ibid.*, 9.

ponto de referência a liturgia, onde a Palavra de Deus é celebrada como palavra atual e viva: "A Igreja, na liturgia, segue fielmente o modo de ler e interpretar as Sagradas Escrituras seguido pelo próprio Cristo, quando, a partir do 'hoje' do seu evento, exorta a perscrutar todas as Escrituras".[186]

Aqui se vê também a sábia pedagogia da Igreja que proclama e escuta a Sagrada Escritura seguindo o ritmo do ano litúrgico. Vemos a Palavra de Deus distribuída ao longo do tempo, particularmente na celebração eucarística e na Liturgia das Horas. No centro de tudo, refulge o Mistério Pascal, ao qual se unem todos os mistérios de Cristo e da história da salvação atualizados sacramentalmente: "Com esta recordação dos mistérios da Redenção, a Igreja oferece aos fiéis as riquezas das obras e merecimentos do seu Senhor, a ponto de os tornar como que presentes a todo o tempo, para que os fiéis, em contato com eles, se encham de graça".[187] Por isso exorto os Pastores da Igreja e os agentes pastorais a fazer com que todos os fiéis sejam educados para saborear o sentido profundo da Palavra de Deus que está distribuída ao longo do ano na liturgia, mostrando os mistérios fundamentais da

---

[186] *Ibid.*, 3; cf. *L c* 4, 16-21; 24, 25-35.44-49.

[187] CONC. ECUM. VAT. II, Const. sobre a sagrada Liturgia *Sacrosanctum Concilium*, 102.

nossa fé. Também disto depende a correta abordagem da Sagrada Escritura.

Sagrada Escritura e Sacramentos

53. Ocupando-se do tema do valor da liturgia para a compreensão da Palavra de Deus, o Sínodo dos Bispos quis sublinhar também a relação entre a Sagrada Escritura e a ação sacramental. É muito oportuno aprofundar o vínculo entre Palavra e Sacramento, tanto na ação pastoral da Igreja como na investigação teológica.[188] Certamente, "a liturgia da Palavra é um elemento decisivo na celebração de cada um dos sacramentos da Igreja";[189] na prática pastoral, porém, nem sempre os fiéis estão conscientes deste vínculo, vendo a unidade entre o gesto e a palavra. É "dever dos *sacerdotes* e *diáconos*, sobretudo quando administram os sacramentos, evidenciar a unidade que formam Palavra e Sacramento no ministério da Igreja".[190] De fato, na relação entre Palavra e gesto sacramental, mostra-se de forma litúrgica o agir próprio de Deus na história, por meio do *caráter performativo* da Palavra. Com efeito, na história da salvação, não há separação entre

---

[188] Cf. BENTO XVI, Exort. ap. pós-sinodal *Sacramentum caritatis* (22 de fevereiro de 2007), 44-45: *AAS* 99 (2007), 139-141.

[189] PONT. COMISSÃO BÍBLICA, *A interpretação da Bíblia na Igreja* (15 de abril de 1993), IV, C, 1: *Ench. Vat.* 13, n. 3123.

[190] *Ibid.*, III, B, 3: *o.c.*, n. 3056.

o que Deus *diz* e *faz*; a sua própria Palavra apresenta-se como viva e eficaz (cf. *Hb* 4, 12), como aliás indica o significado do termo hebraico *dabar*. Do mesmo modo, na ação litúrgica, vemo-nos colocados diante da sua Palavra que realiza aquilo que diz. Quando se educa o Povo de Deus para descobrir o caráter performativo da Palavra de Deus na liturgia, ajudamo-lo também a perceber o agir de Deus na história da salvação e na vida pessoal de cada um dos seus membros.

Palavra de Deus e Eucaristia

54. Quanto foi dito de modo geral a respeito da relação entre Palavra e Sacramentos, ganha maior profundidade aplicado à celebração eucarística. Aliás a unidade íntima entre Palavra e Eucaristia está radicada no testemunho da Escritura (cf. *Jo* 6; *Lc* 24), é atestada pelos Padres da Igreja e reafirmada pelo Concílio Vaticano II.[191] A este propósito, pensemos no grande

---

[191] Cf. Const. sobre a sagrada Liturgia *Sacrosanctum Concilium*, 48.51.56; Const. dogm. sobre a Revelação divina *Dei Verbum*, 21.26; Decr. sobre a atividade missionária da Igreja *Ad gentes*, 6.15; Decr. sobre o ministério e a vida dos presbíteros *Presbyterorum ordinis*, 18; Decr. sobre a renovação da vida religiosa *Perfectae caritatis*, 6. Na grande tradição da Igreja, aparecem expressões significativas como: "*Corpus Christi intelligitur etiam* [...] *Scriptura Dei* – a Escritura de Deus também se considera Corpo de Cristo": WALTRAMUS, *De unitate Ecclesiae conservanda*, 1, 14 (ed. W. Schwenkenbecher, Hannoverae 1883), p. 33; "A carne do Senhor é verdadeiro alimento, e o seu sangue verdadeira bebida; tal é o verdadeiro bem que nos está reservado na vida presente: nutrirmo-nos da sua carne e

discurso de Jesus sobre o pão da vida na sinagoga de Cafarnaum (cf. *Jo* 6, 22-69), que tem como pano de fundo o confronto entre Moisés e Jesus, entre aquele que falou face a face com Deus (cf. *Ex* 33, 11) e aquele que revelou Deus (cf. *Jo* 1, 18). De fato, o discurso sobre o pão evoca o dom de Deus que Moisés obteve para o seu povo com o maná no deserto, que na realidade é a *Torah*, a Palavra de Deus que faz viver (cf. *Sl* 119; *Pr* 9, 5). Em Si mesmo, Jesus torna realidade esta figura antiga: "O pão de Deus é o que desce do Céu e dá a vida ao mundo. (...) Eu sou o pão da vida" (*Jo* 6, 33.35). Aqui, "a Lei tornou-se Pessoa. Encontrando Jesus, alimentamo-nos por assim dizer do próprio Deus vivo, comemos verdadeiramente o pão do céu".[192] No discurso de Cafarnaum, aprofunda-se o Prólogo de João: se neste o *Logos* de Deus Se faz carne, naquele a carne faz-Se *"pão"* dado para a vida do mundo (cf. *Jo* 6, 51), aludindo assim ao dom que Jesus fará de Si mesmo no mistério da cruz, confirmado pela afirmação acerca do seu sangue dado a *"beber"* (cf. *Jo* 6, 53). Assim, no mistério da Eucaristia, mostra-se qual é o verdadeiro maná, o verdadeiro pão do céu: é o *Logos*

---

beber o seu sangue, não só na Eucaristia mas também na leitura da Sagrada Escritura. De fato, verdadeiro alimento e verdadeira bebida é a Palavra de Deus que se absorve do conhecimento das Escrituras": SÃO JERÓNIMO, *Commentarius in Ecclesiasten*, III: *PL* 23, 1092 A.

[192] J. RATZINGER (BENTO XVI), *Jesus de Nazaré* (Lisboa 2007), 336.

de Deus que Se fez carne, que Se entregou a Si mesmo por nós no Mistério Pascal.

A narração de Lucas sobre os discípulos de Emaús permite-nos uma reflexão subsequente acerca do vínculo entre a escuta da Palavra e a fração do pão (cf. *Lc* 24, 13-35). Jesus foi ter com eles no dia depois do sábado, escutou as expressões da sua esperança desiludida e, acompanhando-os ao longo do caminho, "explicou-lhes, em todas as Escrituras, tudo o que Lhe dizia respeito" (24, 27). Juntamente com este viajante que inesperadamente se manifesta tão familiar às suas vidas, os dois discípulos começam a ver as Escrituras de um novo modo. O que acontecera naqueles dias já não aparece como um fracasso, mas cumprimento e novo início. Todavia, mesmo estas palavras não parecem ainda suficientes para os dois discípulos. O *Evangelho de Lucas* diz que "abriram-se-lhes os olhos e reconheceram-No" (24, 31) somente quando Jesus tomou o pão, abençoou-o, partiu-o e lho deu; antes, "os seus olhos estavam impedidos de O reconhecerem" (24, 16). A presença de Jesus, primeiro com as palavras e depois com o gesto de partir o pão, tornou possível aos discípulos reconhecê-Lo e apreciar de modo novo tudo o que tinham vivido anteriormente com Ele: "Não estava o nosso coração a arder, quando Ele nos explicava as Escrituras?" (24, 32).

55. Vê-se a partir destas narrações como a própria Escritura leva a descobrir o seu nexo indissolúvel com a Eucaristia. "Por conseguinte, deve-se ter sempre presente que a Palavra de Deus, lida e proclamada na liturgia pela Igreja, conduz, como se de alguma forma se tratasse da sua própria finalidade, ao sacrifício da aliança e ao banquete da *graça*, ou seja, à Eucaristia".[193] Palavra e Eucaristia correspondem-se tão intimamente que não podem ser compreendidas uma sem a outra: a Palavra de Deus faz-Se carne, sacramentalmente, no evento eucarístico. A Eucaristia abre-nos à inteligência da Sagrada Escritura, como esta, por sua vez, ilumina e explica o Mistério eucarístico. Com efeito, sem o reconhecimento da presença real do Senhor na Eucaristia, permanece incompleta a compreensão da Escritura. Por isso, "à palavra de Deus e ao mistério eucarístico a Igreja tributou e quis e estabeleceu que, sempre e em todo o lugar, se tributasse a mesma veneração embora não o mesmo culto. Movida pelo exemplo do seu fundador, nunca cessou de celebrar o mistério pascal, reunindo-se num mesmo lugar para ler, 'em todas as Escrituras, aquilo que Lhe dizia respeito' (*Lc* 24, 27) e atualizar, com o memorial do Senhor e os sacramentos, a obra da salvação".[194]

---

[193] *Ordenamento das Leituras da Missa*, 10.

[194] *Ibidem.*

A sacramentalidade da Palavra

56. Com o apelo ao caráter performativo da Palavra de Deus na ação sacramental e o aprofundamento da relação entre Palavra e Eucaristia, somos introduzidos num tema significativo, referido durante a Assembleia do Sínodo: a *sacramentalidade da Palavra*.[195] A este respeito é útil recordar que o Papa João Paulo II já aludira "ao horizonte *sacramental* da Revelação e, de forma particular, ao sinal eucarístico, onde a união indivisível entre a realidade e o respectivo significado permite identificar a profundidade do mistério".[196] Daqui se compreende que, na origem da sacramentalidade da Palavra de Deus, esteja precisamente o mistério da encarnação: "o Verbo fez-Se carne" (*Jo* 1, 14), a realidade do mistério revelado oferece-se a nós na "carne" do Filho. A Palavra de Deus torna-se perceptível à fé através do "sinal" de palavras e gestos humanos. A fé reconhece o Verbo de Deus, acolhendo os gestos e as palavras com que Ele mesmo se nos apresenta. Portanto, o horizonte sacramental da revelação indica a modalidade histórico-salvífica com que o Verbo de Deus entra no tempo e no espaço, tornando-Se interlocutor do homem, chamado a acolher na fé o seu dom.

---

[195] Cf. *Propositio* 7.

[196] Carta enc. *Fides et ratio* (14 de setembro de 1998), 13: *AAS* 91 (1999), 16.

Assim é possível compreender a sacramentalidade da Palavra através da analogia com a presença real de Cristo sob as espécies do pão e do vinho consagrados.[197] Aproximando-nos do altar e participando no banquete eucarístico, comungamos realmente o corpo e o sangue de Cristo. A proclamação da Palavra de Deus na celebração comporta reconhecer que é o próprio Cristo que Se faz presente e Se dirige a nós[198] para ser acolhido. Referindo-se à atitude que se deve adotar tanto em relação à Eucaristia como à Palavra de Deus, São Jerônimo afirma: "Lemos as Sagradas Escrituras. Eu penso que o Evangelho é o Corpo de Cristo; penso que as santas Escrituras são o seu ensinamento. E quando Ele fala em *comer a minha carne e beber o meu sangue*' (*Jo* 6, 53), embora estas palavras se possam entender do Mistério [eucarístico], todavia também a palavra da Escritura, o ensinamento de Deus, é verdadeiramente o corpo de Cristo e o seu sangue. Quando vamos receber o Mistério [eucarístico], se cair uma migalha sentimo-nos perdidos. E, quando estamos a escutar a Palavra de Deus e nos é derramada nos ouvidos a Palavra de Deus que é carne de Cristo e seu sangue, se nos distrairmos com outra coisa, não

---

[197] Cf. *Catecismo da Igreja Católica*, 1373-1374.

[198] Cf. CONC. ECUM. VAT. II, Const. sobre a sagrada Liturgia *Sacrosanctum Concilium*, 7.

incorremos em grande perigo?".[199] Realmente presente nas espécies do pão e do vinho, Cristo está presente, de modo análogo, também na Palavra proclamada na liturgia. Por isso, aprofundar o sentido da sacramentalidade da Palavra de Deus pode favorecer uma maior compreensão unitária do mistério da revelação em "ações e palavras intimamente relacionadas",[200] sendo de proveito à vida espiritual dos fiéis e à ação pastoral da Igreja.

A Sagrada Escritura e o Leccionário

57. Ao acentuar o nexo entre Palavra e Eucaristia, o Sínodo quis justamente evocar também alguns aspectos da celebração inerentes ao serviço da Palavra. Quero mencionar, em primeiro lugar, a importância do Lecionário. A reforma desejada pelo Concílio Vaticano II[201] mostrou os seus frutos, tornando mais rico o acesso à Sagrada Escritura que é oferecida abundantemente sobretudo nas liturgias do domingo. A estrutura atual, além de apresentar com frequência os textos mais importantes da Escritura, favorece a compreensão da unidade do plano divino, através da correlação entre as

---

[199] *In Psalmum* 147: *CCL* 78, 337-338.

[200] CONC. ECUM. VAT. II, Const. dogm. sobre a Revelação divina *Dei Verbum*, 2.

[201] Cf. Const. sobre a sagrada Liturgia *Sacrosanctum Concilium*, 107-108.

leituras do Antigo e do Novo Testamento, "centrada em Cristo e no seu mistério pascal".[202] Certas dificuldades que se sentem ao querer identificar as relações entre as leituras dos dois Testamentos devem ser consideradas à luz da leitura canônica, ou seja, da unidade intrínseca da Bíblia inteira. Onde se sentir a necessidade, os organismos competentes podem prover à publicação de subsídios que tornem mais fácil compreender o nexo entre as leituras propostas pelo Lecionário, que devem ser todas proclamadas na assembleia litúrgica, como previsto pela liturgia do dia. Eventuais problemas e dificuldades sejam assinalados à Congregação para o Culto Divino e a Disciplina dos Sacramentos.

Além disso, não devemos esquecer que o Lecionário atual do rito latino tem também um significado ecumênico, visto que é utilizado e apreciado mesmo por confissões em comunhão ainda não plena com a Igreja Católica. De modo diverso se apresenta o problema do Lecionário nas liturgias das Igrejas Católicas Orientais, que o Sínodo pede para ser "examinado com autoridade"[203] segundo a tradição própria e as competências das Igrejas *sui iuris* e tendo em conta também o contexto ecumênico.

---

[202] *Ordenamento das Leituras da Missa*, 66.

[203] *Propositio* 16.

Proclamação da Palavra e ministério do leitorado

58. Na assembleia sinodal sobre a Eucaristia, já se tinha pedido maior cuidado com a proclamação da Palavra de Deus.[204] Como é sabido, enquanto o Evangelho é proclamado pelo sacerdote ou pelo diácono, a primeira e a segunda leitura na tradição latina são proclamadas pelo leitor encarregado, homem ou mulher. Quero aqui fazer-me eco dos Padres sinodais que sublinharam, também naquela circunstância, a necessidade de cuidar, com uma adequada formação,[205] o exercício da função de leitor na celebração litúrgica[206] e de modo particular o ministério do leitorado que enquanto tal, no rito latino, é ministério laical. É necessário que os leitores encarregados de tal serviço, ainda que não tenham recebido a instituição no mesmo, sejam verdadeiramente idôneos e preparados com empenho. Tal preparação deve ser não apenas bíblica e litúrgica mas também técnica: "A formação bíblica deve levar os leitores a saberem enquadrar as leituras no seu contexto e a identificarem o centro do anúncio revelado à luz da fé. A formação litúrgica deve comunicar aos leitores uma certa facilidade em

---

[204] Cf. BENTO XVI, Exort. ap. pós-sinodal *Sacramentum caritatis* (22 de fevereiro de 2007), 45: *AAS* 99 (2007), 140-141.

[205] Cf. *Propositio* 14.

[206] Cf. *Código de Direito Canônico*, cân. 230-§2; 204-§1.

perceber o sentido e a estrutura da liturgia da Palavra e os motivos da relação entre a liturgia da Palavra e a liturgia eucarística. A preparação técnica deve tornar os leitores cada vez mais idôneos na arte de lerem em público tanto com a simples voz natural, como com a ajuda dos instrumentos modernos de amplificação sonora".[207]

A importância da homilia

59. "As tarefas e funções que competem a cada um relativamente à Palavra de Deus são diversas: aos fiéis compete ouvi-la e meditá-la, enquanto a sua exposição cabe somente àqueles que, em virtude da Ordem sacra, receberam a tarefa do magistério, ou àqueles a quem é confiado o exercício deste ministério",[208] ou seja, bispos, presbíteros e diáconos. Daqui se compreende a atenção particular que, no Sínodo, foi dispensada ao tema da homilia. Já na Exortação apostólica pós-sinodal *Sacramentum caritatis*, recordei como, "pensando na importância da palavra de Deus, surge a necessidade de melhorar a qualidade da homilia; de fato, 'esta constitui parte integrante da ação litúrgica', cuja função é favorecer uma compreensão e eficácia

---

[207] *Ordenamento das Leituras da Missa*, 55.

[208] *Ibid.*, 8.

mais ampla da Palavra de Deus na vida dos fiéis".[209] A homilia constitui uma atualização da mensagem da Sagrada Escritura, de tal modo que os fiéis sejam levados a descobrir a presença e a eficácia da Palavra de Deus no momento atual da sua vida. Aquela deve levar à compreensão do mistério que se celebra; convidar para a missão, preparando a assembleia para a profissão de fé, a oração universal e a liturgia eucarística. Consequentemente aqueles que, por ministério específico, estão incumbidos da pregação tenham verdadeiramente a peito esta tarefa. Devem-se evitar tanto homilias genéricas e abstratas que ocultam a simplicidade da Palavra de Deus, como inúteis divagações que ameaçam atrair a atenção mais para o pregador do que para o coração da mensagem evangélica. Deve resultar claramente aos fiéis que aquilo que o pregador tem a peito é mostrar Cristo, que deve estar no centro de cada homilia. Por isso, é preciso que os pregadores tenham familiaridade e contato assíduo com o texto sagrado;[210] preparem-se para a homilia na meditação e na oração, a fim de pregarem com convicção e paixão. A assembleia sinodal exortou a ter presente as seguintes perguntas: "O que dizem as leituras proclamadas? O que dizem a mim pessoalmente? O que devo dizer à comunidade,

---

[209] N. 46: *AAS* 99 (2007), 141.

[210] Cf. CONC. ECUM. VAT. II, Const. dogm. sobre a Revelação divina *Dei Verbum*, 25.

tendo em conta a sua situação concreta?".[211] O pregador deve deixar-se "interpelar primeiro pela Palavra de Deus que anuncia",[212] porque – como diz Santo Agostinho – "seguramente fica sem fruto aquele que prega exteriormente a Palavra de Deus sem a escutar no seu íntimo".[213] Cuide-se, com atenção particular, a homilia dos domingos e solenidades; e mesmo durante a semana nas Missas *cum populo*, quando possível, não se deixe de oferecer breves reflexões, apropriadas à situação, para ajudar os fiéis a acolherem e tornarem fecunda a Palavra escutada.

Conveniência de um Diretório homilético

60. Pregar de modo adequado referindo-se ao Lecionário é verdadeiramente uma arte que deve ser cultivada. Por isso, dando continuidade à solicitação feita no Sínodo anterior,[214] peço às autoridades competentes que, correlativamente ao Compêndio Eucarístico,[215] se pense também em instrumentos e

---

[211] *Propositio* 15.

[212] *Ibidem*.

[213] *Sermo* 179, 1: *PL* 38, 966.

[214] Cf. BENTO XVI, Exort. ap. pós-sinodal *Sacramentum caritatis* (22 de fevereiro de 2007), 93: *AAS* 99 (2007), 177.

[215] CONGR. PARA O CULTO DIVINO E A DISCIPLINA DOS SACRAMENTOS, *Compendium Eucharisticum* (25 de março de 2009), Cidade do Vaticano 2009.

subsídios adequados para ajudar os ministros a desempenhar da melhor forma possível a sua tarefa, como, por exemplo, um Diretório sobre a homilia, de modo que os pregadores possam encontrar nele uma ajuda útil a fim de se prepararem no exercício do ministério. E depois, como nos lembra São Jerônimo, a pregação deve ser acompanhada pelo testemunho da própria vida: "Que as tuas ações não desmintam as tuas palavras, para que não aconteça que, quando tu pregares na igreja, alguém comente no seu íntimo: 'Então porque é que tu não ages assim?' [...] No sacerdote de Cristo, devem estar de acordo a mente e a palavra".[216]

Palavra de Deus, Reconciliação e Unção dos Enfermos

61. Embora no centro da relação entre Palavra de Deus e Sacramentos esteja indubitavelmente a Eucaristia, todavia é bom sublinhar a importância da Sagrada Escritura também nos outros Sacramentos, particularmente nos Sacramentos de cura: a Reconciliação ou Penitência e a Unção dos Enfermos. Nestes Sacramentos, muitas vezes é negligenciada a referência à Sagrada Escritura, quando, ao contrário, é necessário dar-lhe o espaço que lhe compete. De fato, nunca se deve esquecer que "a Palavra de Deus é palavra de

---

[216] *Epistula* 52, 7: *CSEL* 54, 426-427.

reconciliação, porque nela Deus reconcilia consigo todas as coisas (cf. 2 *Cor* 5, 18-20; *Ef* 1, 10). O perdão misericordioso de Deus, encarnado em Jesus, reabilita o pecador".[217] Pela Palavra de Deus, "o fiel é iluminado para poder conhecer os seus pecados e é chamado à conversão e à confiança na misericórdia de Deus".[218] Para que se aprofunde a força reconciliadora da Palavra de Deus, recomenda-se que o indivíduo penitente se prepare para a confissão meditando um trecho apropriado da Sagrada Escritura e possa começar a confissão com a leitura ou a escuta de uma advertência bíblica, como aliás está previsto no próprio ritual. Depois, ao manifestar a sua contrição, é bom que o penitente utilize "uma oração composta de palavras da Sagrada Escritura",[219] prevista pelo ritual. Sempre que possível, seria bom que, em momentos particulares do ano ou quando houver oportunidade, a confissão individual da multidão de penitentes tenha lugar no âmbito de celebrações penitenciais, como previsto pelo ritual, no respeito das várias tradições litúrgicas, para se poder dar amplo espaço à celebração da Palavra com o uso de leituras apropriadas.

Passando ao sacramento da Unção dos Enfermos, não se esqueça que "a força salutar da Palavra de

---

[217] *Propositio* 8.

[218] *Ritual da Penitência*. Preliminares, 17.

[219] *Ibid.*, 19.

Deus é apelo vivo a uma conversão pessoal constante do próprio ouvinte".[220] A Sagrada Escritura contém numerosas páginas de conforto, amparo e cura, que se devem à intervenção de Deus. Em particular, recorde--se a atenção dada por Jesus aos doentes e como Ele mesmo, Verbo de Deus encarnado, carregou as nossas dores e sofreu por amor do homem, dando assim sentido à doença e à morte. É bom que, nas paróquias e sobretudo nos hospitais, se celebre – desde que as circunstâncias o permitam – o Sacramento dos Enfermos de forma comunitária. Em tais ocasiões, seja dado amplo espaço à celebração da Palavra e ajudem--se os fiéis doentes a viver com fé a própria condição de sofrimento, em união com o Sacrifício redentor de Cristo que nos liberta do mal.

Palavra de Deus e Liturgia das Horas

62. Entre as formas de oração que exaltam a Sagrada Escritura, conta-se, sem dúvida, a Liturgia das Horas. Os Padres sinodais afirmaram que esta constitui "uma forma privilegiada de escuta da Palavra de Deus, porque põe os fiéis em contato com a Sagrada Escritura e com a Tradição viva da Igreja".[221] Antes de mais nada, há que lembrar a profunda dignidade

---

[220] *Propositio* 8.

[221] *Propositio* 19.

teológica e eclesial desta oração. De fato, "na Liturgia das Horas, a Igreja exerce a função sacerdotal da sua Cabeça, 'oferecendo ininterruptamente (*1 Ts* 5, 17) a Deus o sacrifício de louvor, ou seja, o fruto dos lábios que glorificam o seu nome (cf. *Hb* 13, 15)'. Esta oração é a 'voz da Esposa a falar ao Esposo e também a oração que o próprio Cristo, unido ao seu Corpo, eleva ao Pai'".[222] A este propósito, o Concílio Vaticano II afirmara: "Todos os que rezam assim, cumprem, por um lado, a obrigação própria da Igreja, e, por outro, participam na imensa honra da Esposa de Cristo, porque estão em nome da Igreja, diante do trono de Deus, a louvar o Senhor".[223] Na Liturgia das Horas, enquanto oração pública da Igreja, manifesta-se o ideal cristão de santificação do dia inteiro, ritmado pela escuta da Palavra de Deus e pela oração dos Salmos, de modo que toda a atividade encontre o seu ponto de referência no louvor prestado a Deus.

Aqueles que, em virtude do próprio estado de vida, são obrigados a rezar a Liturgia das Horas, vivam fielmente tal compromisso em benefício de toda a Igreja. Os bispos, os sacerdotes e os diáconos aspirantes ao sacerdócio, que receberam da Igreja o mandato de a celebrar, têm a obrigação de rezar diariamente todas

---

[222] *Princípios e normas para a Liturgia das Horas*, III, 15.

[223] Const. sobre a sagrada Liturgia *Sacrosanctum Concilium*, 85.

as Horas.[224] Relativamente à obrigatoriedade desta liturgia nas Igrejas Orientais Católicas *sui iuris*, siga-se o que está indicado no direito próprio.[225] Além disso, encorajo as comunidades de vida consagrada a serem exemplares na celebração da Liturgia das Horas, a fim de poderem constituir um ponto de referência e inspiração para a vida espiritual e pastoral de toda a Igreja.

O Sínodo exprimiu o desejo de uma maior difusão no Povo de Deus desta forma de oração, especialmente a recitação de Laudes e Vésperas. Este incremento não deixará de fazer crescer nos fiéis a familiaridade com a Palavra de Deus. Saliente-se também o valor da Liturgia das Horas prevista para as Primeiras Vésperas do domingo e das solenidades, particularmente nas Igrejas Orientais Católicas. Com tal finalidade, recomendo que, onde for possível, as paróquias e as comunidades de vida religiosa favoreçam esta oração com a participação dos fiéis.

Palavra de Deus e Cerimonial das Bênçãos

63. No uso do Cerimonial das Bênçãos, preste-se atenção também ao espaço previsto para a proclamação, a escuta e a explicação da Palavra de Deus, através

---

[224] Cf. *Código de Direito Canônico*, cânones 276-§ 3; 1174-§ 1.

[225] Cf. *Código dos Cânones das Igrejas Orientais*, cânones 377; 473-§§ 1 e 2/1º; 538-§ 1; 881-§ 1.

de breves advertências. Com efeito, o gesto da bênção, nos casos previstos pela Igreja e quando pedido pelos fiéis, não deve aparecer isolado em si mesmo, mas relacionado, no grau que lhe é próprio, com a vida litúrgica do Povo de Deus. Neste sentido, a bênção, como verdadeiro sinal sagrado, "adquire sentido e eficácia da proclamação da Palavra de Deus".[226] Por isso, é importante aproveitar também estas circunstâncias para suscitar nos fiéis fome e sede de toda a palavra que sai da boca de Deus (cf. *Mt* 4, 4).

Sugestões e propostas concretas para a animação litúrgica

64. Depois de ter lembrado alguns elementos fundamentais da relação entre Liturgia e Palavra de Deus, quero agora assumir e valorizar algumas propostas e sugestões que os Padres sinodais recomendaram para favorecer, no Povo de Deus, uma crescente familiaridade com a Palavra de Deus no âmbito das ações litúrgicas ou de algum modo relacionadas com elas.

a) Celebrações da Palavra de Deus

65. Os Padres sinodais exortaram todos os Pastores a difundir, nas comunidades a eles confiadas, os

---

[226] RITUAL ROMANO, *Cerimonial das Bênçãos*. Preliminares gerais, 21.

momentos de *celebração da Palavra:*[227] são ocasiões privilegiadas de encontro com o Senhor. Por isso, tal prática não pode deixar de trazer grande proveito aos fiéis, e deve considerar-se um elemento importante da pastoral litúrgica. Estas celebrações assumem particular relevância como preparação para a Eucaristia dominical, de modo que os fiéis tenham possibilidade de penetrar melhor na riqueza do Lecionário para meditar e rezar a Sagrada Escritura, sobretudo nos tempos litúrgicos fortes do Advento e Natal, da Quaresma e Páscoa. Entretanto a celebração da Palavra de Deus é vivamente recomendada nas comunidades onde não é possível, por causa da escassez de sacerdotes, celebrar o Sacrifício Eucarístico nos dias festivos de preceito. Tendo em conta as indicações já expressas na Exortação apostólica pós-sinodal *Sacramentum caritatis* sobre as assembleias dominicais à espera de sacerdote,[228] recomendo que sejam redigidos pelas competentes autoridades diretórios rituais, valorizando a experiência das Igrejas Particulares. Assim, em tais situações, hão de favorecer-se celebrações da Palavra que alimentem a fé dos fiéis, mas evitando que as mesmas sejam confundidas com celebrações eucarís-

---

[227] Cf. *Propositio* 18; CONC. ECUM. VAT. II, Const. sobre a sagrada Liturgia *Sacrosanctum Concilium*, 35.

[228] Cf. BENTO XVI, Exort. ap. pós-sinodal *Sacramentum caritatis* (22 de fevereiro de 2007), 75: *AAS* 99 (2007), 162-163.

ticas; "devem antes tornar-se ocasiões privilegiadas de oração a Deus para que mande sacerdotes santos segundo o seu Coração".[229]

Além disso, os Padres sinodais convidaram a celebrar a Palavra de Deus também por ocasião de peregrinações, festas particulares, missões populares, retiros espirituais e dias especiais de penitência, reparação e perdão. No que se refere às diversas formas de piedade popular, embora não sejam atos litúrgicos nem se devam confundir com as celebrações litúrgicas, todavia é bom que se inspirem nelas e sobretudo que deem espaço adequado à proclamação e escuta da Palavra de Deus; de fato, "a piedade popular encontrará nas palavras da Bíblia uma fonte inesgotável de inspiração, modelos insuperáveis de oração e fecundas propostas de diversos temas".[230]

b) A Palavra e o silêncio

66. Várias intervenções dos Padres sinodais insistiram sobre o valor do silêncio para a recepção da Palavra de Deus na vida dos fiéis.[231] De fato, a

---

[229] *Ibid.*, 75: *o.c.*, 163.

[230] CONGR. PARA O CULTO DIVINO E A DISCIPLINA DOS SACRAMENTOS, *Diretório sobre Piedade Popular e Liturgia. Princípios e Orientações* (17 de dezembro de 2001), 87: *Ench. Vat.* 20, n. 2461.

[231] Cf. *Propositio* 14.

palavra pode ser pronunciada e ouvida apenas no silêncio, exterior e interior. O nosso tempo não favorece o recolhimento e, às vezes, fica-se com a impressão de ter medo de se separar, por um só momento, dos instrumentos de comunicação de massa. Por isso, hoje é necessário educar o Povo de Deus para o valor do silêncio. Redescobrir a centralidade da Palavra de Deus na vida da Igreja significa também redescobrir o sentido do recolhimento e da tranquilidade interior. A grande tradição patrística ensina-nos que os mistérios de Cristo estão ligados ao silêncio[232] e só nele é que a Palavra pode encontrar morada em nós, como aconteceu em Maria, mulher indivisivelmente da Palavra e do silêncio. As nossas liturgias devem facilitar esta escuta autêntica: *Verbo crescente, verba deficiunt.*[233]

Que este valor brilhe particularmente na Liturgia da Palavra, que "deve ser celebrada de modo a favorecer a meditação".[234] O silêncio, quando previsto, deve ser considerado "como parte da celebração".[235] Por isso, exorto os Pastores a esti-

---

[232] Cf. SANTO INÁCIO DE ANTIOQUIA, *Ad Ephesios*, XV, 2: *Patres Apostolici* (ed. F. X. FUNK, Tubingae 1901), I, 224.

[233] Cf. Santo Agostinho, *Sermo* 288, 5: *PL* 38, 1307; *Sermo* 120, 2: *PL* 38, 677.

[234] *Ordenamento Geral do Missal Romano,* 56.

[235] *Ibid.*, 45; cf. CONC. ECUM. VAT. II, Const. sobre a sagrada Liturgia *Sacrosanctum Concilium*, 30.

mularem os momentos de recolhimento, nos quais, com a ajuda do Espírito Santo, a Palavra de Deus é acolhida no coração.

c) Proclamação solene da Palavra de Deus

67. Outra sugestão feita pelo Sínodo foi a de solenizar, sobretudo em ocorrências litúrgicas relevantes, a proclamação da Palavra, especialmente do Evangelho, utilizando o Evangeliário, conduzido processionalmente durante os ritos iniciais e depois levado ao ambão pelo diácono ou por um sacerdote para a proclamação. Deste modo ajuda-se o Povo de Deus a reconhecer que "a leitura do Evangelho constitui o ápice da própria liturgia da Palavra".[236] Seguindo as indicações contidas no *Ordenamento das Leituras da Missa*, é bom valorizar a proclamação da Palavra de Deus com o canto, particularmente o Evangelho, de modo especial em determinadas solenidades. A saudação, o anúncio inicial: "Evangelho de Nosso Senhor..." e a exclamação final "Palavra da salvação", seria bom proferi-los em canto para evidenciar a importância do que é lido.[237]

---

[236] *Ordenamento das Leituras da Missa*, 13.

[237] Cf. *ibid.*, 17.

d) A Palavra de Deus no templo cristão

68. Para favorecer a escuta da Palavra de Deus, não se devem menosprezar os meios que possam ajudar os fiéis a prestar maior atenção. Neste sentido, é necessário que, nos edifícios sagrados, nunca se descuide a acústica, no respeito das normas litúrgicas e arquitetônicas. "Na construção das igrejas, os Bispos, valendo-se da devida ajuda, procurem que sejam locais adequados à proclamação da Palavra, à meditação e à celebração eucarística. Os espaços sagrados, mesmo fora da ação litúrgica, revistam-se de eloquência, apresentando o mistério cristão relacionado com a Palavra de Deus".[238]

Uma atenção especial seja dada ao *ambão*, enquanto lugar litúrgico donde é proclamada a Palavra de Deus. Deve estar colocado em lugar bem visível, para onde se dirija espontaneamente a atenção dos fiéis durante a liturgia da Palavra. É bom que seja fixo, esculturalmente em harmonia estética com o *altar*, de modo a representar mesmo visivelmente o sentido teológico da *dupla mesa da Palavra e da Eucaristia*. A partir do ambão, são proclamadas as leituras, o salmo responsorial e o Precônio pascal; de lá podem ser feitas também a homilia e a leitura da oração dos fiéis.[239]

---

[238] *Propositio* 40.

[239] Cf. *Ordenamento Geral do Missal Romano*, 309.

Além disso, os Padres sinodais sugerem que, nas igrejas, haja um local de honra onde se possa colocar a Sagrada Escritura mesmo *fora da celebração*.[240] Realmente é bom que o livro onde está contida a Palavra de Deus tenha dentro do templo cristão um lugar visível e de honra, mas sem tirar a centralidade que compete ao Sacrário que contém o Santíssimo Sacramento.[241]

e) Exclusividade dos textos bíblicos na liturgia

69. O Sínodo reafirmou vivamente também aquilo que, aliás, já está estabelecido pela norma litúrgica da Igreja,[242] isto é, que *as leituras tiradas da Sagrada Escritura nunca sejam substituídas por outros textos*, por mais significativos que estes possam parecer do ponto de vista pastoral ou espiritual: "Nenhum texto de espiritualidade ou de literatura pode atingir o valor e a riqueza contida na Sagrada Escritura que é Palavra de Deus".[243] Trata-se de uma disposição antiga da Igreja que se deve manter.[244] Face a alguns abusos, já

---

[240] Cf. *Propositio* 14.

[241] Cf. BENTO XVI, Exort. ap. pós-sinodal *Sacramentum caritatis* (22 de fevereiro de 2007), 69: *AAS* 99 (2007), 157.

[242] Cf. *Ordenamento Geral do Missal Romano*, 57.

[243] *Propositio* 14.

[244] Veja-se o cânon 36 do *Sínodo de Hipona* do ano de 393: *DS* 186.

o Papa João Paulo II lembrara a importância de nunca se substituir a Sagrada Escritura por outras leituras.[245] Recorde-se que também o *Salmo Responsorial* é Palavra de Deus, pela qual respondemos à voz do Senhor e por isso não deve ser substituído por outros textos; entretanto é muito oportuno poder proclamá-lo de forma cantada.

f) Canto litúrgico biblicamente inspirado

70. No âmbito da valorização da Palavra de Deus durante a celebração litúrgica, tenha-se presente também o canto nos momentos previstos pelo próprio rito, favorecendo o canto de clara inspiração bíblica capaz de exprimir a beleza da Palavra divina por meio de um harmonioso acordo entre as palavras e a música. Neste sentido, é bom valorizar aqueles cânticos que a tradição da Igreja nos legou e que respeitam este critério; penso particularmente na importância do canto gregoriano.[246]

---

[245] Cf. JOÃO PAULO II, Carta ap. *Vicesimus quintus annus* (4 de dezembro de 1988), 13: *AAS* 81 (1989), 910; CONGR. PARA O CULTO DIVINO E A DISCIPLINA DOS SACRAMENTOS, Instr. sobre alguns aspectos que se devem observar e evitar em relação à Santíssima Eucaristia *Redemptionis sacramentum* (25 de março de 2004), 62: *Ench. Vat.* 22, n. 2248.

[246] Cf. CONC. ECUM. VAT. II, Const. sobre a sagrada Liturgia *Sacrosanctum Concilium*, 116; *Ordenamento Geral do Missal Romano,* 41.

g) Particular atenção aos cegos e aos surdos

71. Neste contexto, queria também recordar que o Sínodo recomendou uma atenção particular àqueles que, por causa da própria condição, sentem dificuldade em participar ativamente na liturgia, como por exemplo os cegos e os surdos. Na medida do possível, encorajo as comunidades cristãs a providenciarem instrumentos adequados para ir ao encontro da dificuldade que padecem estes irmãos e irmãs, para que lhes seja possível também estabelecer um contato vivo com a Palavra do Senhor.[247]

---

[247] Cf. *Propositio* 14.

A PALAVRA DE DEUS
NA VIDA ECLESIAL

Encontrar a Palavra de Deus
na Sagrada Escritura

72. Se é verdade que a liturgia constitui o lugar privilegiado para a proclamação, escuta e celebração da Palavra de Deus, é igualmente verdade que este encontro deve ser preparado nos corações dos fiéis e sobretudo por eles aprofundado e assimilado. De fato, a vida cristã caracteriza-se essencialmente pelo encontro com Jesus Cristo que nos chama a segui-Lo. Por isso, o Sínodo dos Bispos afirmou várias vezes a importância da pastoral nas comunidades cristãs como âmbito apropriado onde percorrer um itinerário pessoal e comunitário relativo à Palavra de Deus, de modo que esta esteja verdadeiramente no fundamento da vida espiritual. Juntamente com os Padres sinodais, expresso o vivo desejo de que floresça "uma nova estação de maior amor pela Sagrada Escritura da parte de todos os membros do Povo de Deus, de modo que, a partir da sua leitura

orante e fiel no tempo, se aprofunde a ligação com a própria pessoa de Jesus".[248]

Na história da Igreja, não faltam recomendações dos Santos sobre a necessidade de conhecer a Escritura para crescer no amor de Cristo. Trata-se de um dado particularmente evidente nos Padres da Igreja. São Jerônimo, grande "enamorado" da Palavra de Deus, interrogava-se: "Como seria possível viver sem o conhecimento das Escrituras, se é por elas que se aprende a conhecer o próprio Cristo, que é a vida dos crentes?".[249] Estava bem ciente de que a Bíblia é o instrumento "pelo qual diariamente Deus fala aos crentes".[250] Eis os conselhos que ele dava a Leta, uma matrona romana, para a educação da filha: "Assegura-te de que ela estude diariamente alguma passagem da Escritura. [...] À oração faça seguir a leitura, e à leitura a oração. [...] Que em vez das joias e dos vestidos de seda, ame os Livros divinos".[251] Permanece válido para nós aquilo que São Jerônimo escrevia ao sacerdote Nepociano: "Lê com muita frequência as Escrituras divinas; mais ainda, que as tuas mãos nunca abandonem o Livro sagrado. Aprende nele o que deves

---

[248] *Propositio* 9.

[249] *Epistula* 30, 7: *CSEL* 54, 246.

[250] IDEM, *Epistula* 133, 13: *CSEL* 56, 260.

[251] IDEM, *Epistula* 107, 9.12: *CSEL* 55, 300.302.

ensinar".[252] Seguindo o exemplo deste grande Santo que dedicou a sua vida ao estudo da Bíblia, tendo dado à Igreja a tradução latina chamada *Vulgata*, e de todos os Santos que colocaram no centro da sua vida espiritual o encontro com Cristo, renovemos o nosso compromisso de aprofundar a Palavra que Deus deu à Igreja; poderemos assim tender para aquela "medida alta da vida cristã ordinária",[253] desejada pelo Papa João Paulo II no início do terceiro milênio cristão, que se alimenta constantemente na escuta da Palavra de Deus.

A animação bíblica da pastoral

73. Nesta linha, o Sínodo convidou a um esforço pastoral particular para que a Palavra de Deus apareça em lugar central na vida da Igreja, recomendando que "se incremente a 'pastoral bíblica', não em justaposição com outras formas da pastoral mas como *animação bíblica da pastoral inteira*".[254] Não se trata simplesmente de acrescentar qualquer encontro na paróquia ou na diocese, mas de verificar que, nas atividades habituais das comunidades cristãs, nas paróquias, nas associações e nos movimentos, se tenha realmente a peito o

---

[252] IDEM, *Epistula* 52, 7: *CSEL* 54, 426.

[253] JOÃO PAULO II, Carta ap. *Novo millennio ineunte* (6 de janeiro de 2001), 31: *AAS* 93 (2001), 287-288.

[254] *Propositio* 30; cf. CONC. ECUM. VAT. II, Const. dogm. sobre a Revelação divina *Dei Verbum*, 24.

encontro pessoal com Cristo que Se comunica a nós na sua Palavra. Dado que "a ignorância das Escrituras é a ignorância de Cristo",[255] então podemos esperar que a animação bíblica de toda a pastoral ordinária e extraordinária levará a um maior conhecimento da Pessoa de Cristo, Revelador do Pai e plenitude da Revelação divina.

Por isso exorto os pastores e os fiéis a terem em conta a importância desta animação: será o modo melhor também de enfrentar alguns problemas pastorais referidos durante a assembleia sinodal, ligados por exemplo à *proliferação de seitas*, que difundem uma leitura deformada e instrumentalizada da Sagrada Escritura. Quando não se formam os fiéis num conhecimento da Bíblia conforme à fé da Igreja no sulco da sua Tradição viva, deixa-se efetivamente um vazio pastoral, onde realidades como as seitas podem encontrar fácil terreno para lançar raízes. Por isso é necessário prover também a uma preparação adequada dos sacerdotes e dos leigos, para poderem instruir o Povo de Deus na genuína abordagem das Escrituras.

Além disso, como foi sublinhado durante os trabalhos sinodais, é bom que, na atividade pastoral, se favoreça também a difusão de *pequenas comunidades*, "formadas por famílias ou radicadas nas paróquias ou ainda ligadas aos diversos movimentos eclesiais e

---

[255] SÃO JERÔNIMO, *Commentariorum in Isaiam libri*, Prol.: *PL* 24, 17B.

novas comunidades",[256] nas quais se promova a formação, a oração e o conhecimento da Bíblia segundo a fé da Igreja.

Dimensão bíblica da catequese

74. Um momento importante da animação pastoral da Igreja, onde se pode sapientemente descobrir a centralidade da Palavra de Deus, é a catequese, que, nas suas diversas formas e fases, sempre deve acompanhar o Povo de Deus. O encontro dos discípulos de Emaús com Jesus, descrito pelo evangelista Lucas (cf. *Lc* 24, 13-35), representa em certo sentido o modelo de uma catequese em cujo centro está a "explicação das Escrituras", que somente Cristo é capaz de dar (cf. *Lc* 24, 27-28), mostrando o seu cumprimento em Si mesmo.[257] Assim, renasce a esperança, mais forte do que qualquer revés, que faz daqueles discípulos testemunhas convictas e credíveis do Ressuscitado.

No *Diretório Geral da Catequese,* encontramos válidas indicações para animar biblicamente a catequese e, para elas, de bom grado remeto.[258] Neste momento,

---

[256] *Propositio* 21.

[257] Cf. *Propositio* 23.

[258] Cf. CONGR. PARA O CLERO, *Diretório Geral da Catequese* (15 de agosto de 1997), 94-96: *Ench. Vat.* 16, n. 875-878; JOÃO PAULO II, Exort. ap. *Catechesi tradendae* (16 de outubro de 1979), 27: *AAS* 71 (1979), 1298-1299.

desejo principalmente sublinhar que a catequese "tem de ser impregnada e embebida de pensamento, espírito e atitudes bíblicas e evangélicas, mediante um contato assíduo com os próprios textos sagrados; e recordar que a catequese será tanto mais rica e eficaz quanto mais ler os textos com a inteligência e o coração da Igreja"[259] e quanto mais se inspirar na reflexão e na vida bimilenária da mesma Igreja. Por isso, deve-se encorajar o conhecimento das figuras, acontecimentos e expressões fundamentais do texto sagrado; com tal finalidade, pode ser útil a *memorização* inteligente de algumas passagens bíblicas particularmente expressivas dos mistérios cristãos. A atividade catequética implica sempre abeirar-se das Escrituras na fé e na Tradição da Igreja, de modo que aquelas palavras sejam sentidas vivas, como Cristo está vivo hoje onde duas ou três pessoas se reúnem em seu nome (cf. *Mt* 18, 20). A catequese deve comunicar com vitalidade a história da salvação e os conteúdos da fé da Igreja, para que cada fiel reconheça que a sua vida pessoal pertence também àquela história.

Nesta perspectiva, é importante sublinhar a relação entre a Sagrada Escritura e o *Catecismo da Igreja Católica*, como afirma o *Diretório Geral da Catequese*:

---

[259] CONGR. PARA O CLERO, *Diretório Geral da Catequese* (15 de agosto de 1997), 127: *Ench. Vat.* 16, n. 935; cf. JOÃO PAULO II, Exort. ap. *Catechesi tradendae* (16 de outubro de 1979), 27: *AAS* 71 (1979), 1299.

"A Sagrada Escritura, como 'Palavra de Deus escrita sob a inspiração do Espírito Santo', e o Catecismo da Igreja Católica, enquanto importante expressão atual da Tradição viva da Igreja e norma segura para o ensino da fé, são chamados a fecundar a catequese na Igreja contemporânea, cada um segundo o seu próprio modo e a sua autoridade específica".[260]

Formação bíblica dos cristãos

75. Para se alcançar o objetivo desejado pelo Sínodo de conferir maior caráter bíblico a toda a pastoral da Igreja, é necessário que exista uma adequada formação dos cristãos e, em particular, dos catequistas. A este propósito, é preciso prestar atenção ao *apostolado bíblico*, método muito válido para se atingir tal finalidade, como demonstra a experiência eclesial. Além disso, os Padres sinodais recomendaram que se estabeleçam, possivelmente através da valorização de estruturas acadêmicas já existentes, centros de formação para leigos e missionários, nos quais se aprenda a compreender, viver e anunciar a Palavra de Deus e, onde houver necessidade, constituam-se Institutos especializados em estudos bíblicos a fim de dotarem os exegetas de uma sólida compreensão teológica e

---

[260] N. 128: *Ench. Vat.* 16, n. 936.

uma adequada sensibilidade para os ambientes da sua missão.[261]

A Sagrada Escritura nos grandes encontros eclesiais

76. Entre as múltiplas iniciativas que podem ser tomadas, o Sínodo sugere que nos encontros, tanto em nível diocesano como nacional ou internacional, se ponha em maior evidência a importância da Palavra de Deus, da sua escuta e da leitura crente e orante da Bíblia. Por isso, no âmbito dos Congressos Eucarísticos, nacionais e internacionais, das Jornadas Mundiais da Juventude e de outros encontros poder-se-á louvavelmente reservar maior espaço para celebrações da Palavra e para momentos de formação de caráter bíblico.[262]

Palavra de Deus e vocações

77. O Sínodo, quando sublinhou a exigência intrínseca que tem a fé de aprofundar a relação com Cristo, Palavra de Deus entre nós, quis também evidenciar que esta Palavra chama cada um em termos pessoais, revelando assim que *a própria vida é vocação* em relação a Deus. Isto significa que quanto mais apro-

---

[261] Cf. *Propositio* 33.
[262] Cf. *Propositio* 45.

fundarmos a nossa relação pessoal com o Senhor Jesus, tanto mais nos damos conta de que Ele nos chama à santidade, através de opções definitivas, pelas quais a nossa vida responde ao seu amor, assumindo funções e ministérios para edificar a Igreja. É neste horizonte que se entendem os convites feitos pelo Sínodo a todos os cristãos para aprofundarem a relação com a Palavra de Deus, não só como batizados mas também enquanto chamados a viver segundo os diversos estados de vida. Aqui tocamos um dos pontos fundamentais da doutrina do Concílio Vaticano II, que sublinhou a vocação à santidade de todo o fiel, cada um no seu próprio estado de vida.[263] Na Sagrada Escritura, encontramos revelada a nossa vocação à santidade: "Sede santos, porque Eu, o Senhor vosso Deus, sou santo" (cf. *Lv* 11, 44; 19, 2; 20, 7). Depois São Paulo põe em evidência a sua raiz cristológica: o Pai, em Cristo, "escolheu-nos, antes da constituição do mundo, para sermos santos e imaculados diante dos seus olhos" (*Ef* 1, 4). Deste modo podemos tomar como dirigida a cada um de nós a saudação dele aos irmãos e irmãs da comunidade de Roma: "A todos os amados de Deus [...], chamados à santidade: Graça e paz vos sejam dadas da parte de Deus, nosso Pai, e da do Senhor Jesus Cristo" (*Rm* 1, 7).

---

[263] Cf. CONC. ECUM. VAT. II, Const. dogm. sobre a Igreja *Lumen gentium*, 39-42.

a) Palavra de Deus e Ministros Ordenados

78. Dirigindo-me em primeiro lugar aos Ministros Ordenados da Igreja, recordo-lhes o que afirmou o Sínodo: "A Palavra de Deus é indispensável para formar o coração de um bom pastor, ministro da Palavra".[264] Bispos, presbíteros e diáconos não podem de forma alguma pensar viver a sua vocação e missão sem um decidido e renovado compromisso de santificação, que tem um dos seus pilares no contato com a Bíblia.

79. Àqueles que foram chamados ao *episcopado* e que são os anunciadores primeiros e com maior autoridade da Palavra, desejo reafirmar o que o Papa João Paulo II deixou escrito na Exortação apostólica pós-sinodal *Pastores gregis*: Para nutrir e fazer crescer a vida espiritual, o Bispo deve colocar sempre em "primeiro lugar a leitura e a meditação da Palavra de Deus. Cada Bispo deverá sempre confiar-se e sentir-se confiado 'a Deus e à palavra da sua graça que tem o poder de construir o edifício e de conceder parte na herança com todos os santificados' (*At* 20, 32). Por isso, antes de ser transmissor da Palavra, o Bispo, como os seus sacerdotes e como qualquer fiel – mais ainda, como a própria Igreja – deve ser ouvinte da Palavra. Deve de certo modo estar 'dentro' da Palavra, para deixar-se guardar e nutrir dela como de um ventre

---

[264] *Propositio* 31.

materno".[265] À imitação de Maria, *Virgo audiens* e Rainha dos Apóstolos, recomendo a todos os irmãos no episcopado a leitura pessoal frequente e o estudo assíduo da Sagrada Escritura.

80. Quanto aos *sacerdotes*, quero apontar-lhes as palavras do Papa João Paulo II, quando, na Exortação apostólica pós-sinodal *Pastores dabo vobis*, recordou que, "antes de mais, o sacerdote é *ministro da Palavra de Deus*, é consagrado e enviado a anunciar a todos o Evangelho do Reino, chamando cada homem à obediência da fé e conduzindo os crentes a um conhecimento e comunhão sempre mais profundos do mistério de Deus, revelado e comunicado a nós em Cristo. Por isso, o próprio sacerdote deve ser o primeiro a desenvolver uma grande familiaridade pessoal com a Palavra de Deus: não basta conhecer o aspecto linguístico ou exegético, sem dúvida necessário; é preciso abeirar-se da Palavra com coração dócil e orante, a fim de que ela penetre a fundo nos seus pensamentos e sentimentos e gere nele uma nova mentalidade – 'o pensamento de Cristo' (*1 Cor* 2, 16)".[266] E consequentemente as suas palavras, as suas opções e atitudes devem ser cada vez mais uma transparência, um anúncio e um testemunho do Evangelho; "só 'permanecendo' na Palavra, é que

---

[265] N. 15: *AAS* 96 (2004), 846-847.

[266] N. 26: *AAS* 84 (1992), 698.

o presbítero se tornará perfeito discípulo do Senhor, conhecerá a verdade e será realmente livre".[267]

Em suma, a vocação ao sacerdócio requer que sejam *consagrados "na verdade"*. O próprio Jesus formula esta exigência referindo-se aos seus discípulos: "Consagra-os na verdade. A tua palavra é a verdade. Assim como Tu Me enviaste ao mundo, também Eu os envio ao mundo" (*Jo* 17, 17-18). Os discípulos, de certo modo, "são atraídos para a intimidade de Deus por meio da sua imersão na Palavra divina. Esta é, por assim dizer, o banho que os purifica, o poder criador que os transforma no ser de Deus".[268] E visto que o próprio Cristo é a Palavra de Deus feita carne (cf. *Jo* 1, 14), é "a Verdade" (*Jo* 14, 6), então a oração de Jesus ao Pai "consagra-os na verdade" quer dizer fundamentalmente: "Torna-os um só comigo. Une-os a Mim. Atrai-os para dentro de Mim. E de fato, em última análise, há apenas um único sacerdote da Nova Aliança: o próprio Jesus Cristo".[269] É necessário, pois, que os sacerdotes renovem sempre mais profundamente em si a consciência desta realidade.

---

[267] *Ibid.*, 26: *o.c.*, 698.

[268] BENTO XVI, *Homilia na Missa Crismal* (9 de abril de 2009): *AAS* 101 (2009), 355.

[269] *Ibid.*: *o.c.*, 356.

81. Quero referir-me também ao lugar da Palavra de Deus na vida daqueles que são chamados ao *diaconado*, não só como grau prévio da Ordem do Presbiterado, mas também enquanto serviço permanente. O *Diretório para o diaconado permanente* afirma que "da identidade teológica do diácono derivam com clareza os traços da sua espiritualidade específica, que se apresenta essencialmente como espiritualidade de serviço. O modelo por excelência é Cristo servo, que viveu totalmente ao serviço de Deus, para o bem dos homens".[270] Nesta perspectiva, compreende-se como, nas várias dimensões do ministério diaconal, um "elemento caracterizador da espiritualidade diaconal seja a Palavra de Deus, que o diácono é chamado a anunciar com autoridade, acreditando naquilo que proclama, ensinando aquilo que acredita, vivendo aquilo que ensina".[271] Por isso recomendo aos diáconos que incrementem uma leitura crente da Sagrada Escritura na própria vida com o estudo e a oração. Sejam iniciados na Sagrada Escritura e na sua reta interpretação, na mútua relação entre a Escritura e a Tradição, e particularmente na utilização da Escritura na pregação, na catequese e na atividade pastoral em geral.[272]

---

[270] CONGR. PARA A EDUCAÇÃO CATÓLICA, *Normas fundamentais para a formação dos diáconos permanentes* (22 de fevereiro de 1998), 11: *Ench. Vat.* 17, nn. 174-175.

[271] *Ibid.*, 74: *o.c.*, 263.

[272] Cf. *ibid.*, 81: *o.c.*, 271.

b) Palavra de Deus e candidatos às Ordens Sacras

82. O Sínodo deu particular atenção ao papel decisivo da Palavra de Deus na vida espiritual dos candidatos ao sacerdócio ministerial: "Os candidatos ao sacerdócio devem aprender a amar a Palavra de Deus. Por isso, seja a Escritura a alma da sua formação teológica, evidenciando a circularidade indispensável entre exegese, teologia, espiritualidade e missão".[273] Os aspirantes ao sacerdócio ministerial são chamados a uma profunda relação pessoal com a Palavra de Deus, particularmente na *lectio divina*, porque é de tal relação que se alimenta a sua vocação: é com a luz e a força da Palavra de Deus que pode ser descoberta, compreendida, amada e seguida a respectiva vocação e levada a cabo a própria missão, alimentando no coração os pensamentos de Deus, de modo que a fé, como resposta à Palavra, se torne o novo critério de juízo e avaliação dos homens e das coisas, dos acontecimentos e dos problemas.[274]

Esta atenção à leitura orante da Escritura não deve, de modo algum, alimentar uma dicotomia com o estudo exegético que se requer durante o tempo da formação. O Sínodo recomendou que os seminaristas

---

[273] *Propositio* 32.

[274] Cf. JOÃO PAULO II, Exort. ap. pós-sinodal *Pastores dabo vobis* (25 de março de 1992), 47: *AAS* 84 (1992), 740-742.

sejam concretamente ajudados a ver a *relação entre o estudo bíblico e a oração com a Escritura*. O estudo das Escrituras deve torná-los mais conscientes do mistério da revelação divina e alimentar uma atitude de resposta orante ao Senhor que fala. Por sua vez, uma vida autêntica de oração não poderá deixar de fazer crescer, na alma do candidato, o desejo de conhecer cada vez mais a Deus que Se revelou na sua Palavra como amor infinito. Por isso, dever-se-á procurar com o máximo cuidado que, na vida dos seminaristas, se cultive esta *reciprocidade entre estudo e oração*. Para tal objetivo, é útil que os candidatos sejam iniciados no estudo da Sagrada Escritura segundo métodos que favoreçam esta abordagem integral.

c) Palavra de Deus e vida consagrada

83. Relativamente à vida consagrada, o Sínodo lembrou em primeiro lugar que esta "nasce da escuta da Palavra de Deus e acolhe o Evangelho como sua norma de vida".[275] Deste modo, viver no seguimento de Cristo casto, pobre e obediente é uma "'exegese' viva da Palavra de Deus".[276] O Espírito Santo, por cuja virtude foi

---

[275] *Propositio* 24.

[276] BENTO XVI, *Homilia no Dia Mundial da Vida Consagrada* (2 de fevereiro de 2008): *AAS* 100 (2008), 133; cf. JOÃO PAULO II, Exort. ap. pós-sinodal *Vita consecrata* (25 de março de 1996), 82: *AAS* 88 (1996), 458-460.

escrita a Bíblia, é o mesmo que ilumina "a Palavra de Deus, com nova luz, para os fundadores e fundadoras. Dela brotou cada um dos carismas e dela cada regra quer ser expressão",[277] dando origem a itinerários de vida cristã marcados pela radicalidade evangélica.

Desejo lembrar que a grande tradição monástica sempre teve como fator constitutivo da própria espiritualidade a meditação da Sagrada Escritura, particularmente na forma da *lectio divina*. De igual modo, hoje, as realidades antigas e novas de especial consagração são chamadas a ser verdadeiras escolas de vida espiritual onde se há de ler as Escrituras segundo o Espírito Santo na Igreja, de modo que todo o Povo de Deus disso mesmo possa beneficiar. Por isso, o Sínodo recomenda que nunca falte nas comunidades de vida consagrada uma sólida formação para a leitura crente da Bíblia.[278]

Desejo fazer-me eco da solicitude e gratidão que o Sínodo exprimiu pelas formas de *vida contemplativa*, que, pelo seu carisma específico, dedicam boa parte das suas jornadas a imitar a Mãe de Deus que meditava assiduamente as palavras e os fatos do seu Filho (cf.

---

[277] CONGR. PARA OS INSTITUTOS DE VIDA CONSAGRADA E AS SOCIEDADES DE VIDA APOSTÓLICA, Instr. *Recomeçar a partir de Cristo. Um renovado compromisso da vida consagrada no terceiro milênio* (19 de maio de 2002), 24: *Ench. Vat.* 21, n. 447.

[278] Cf. *Propositio* 24.

Lc 2, 19.51) e Maria de Betânia que, sentada aos pés do Senhor, escutava a sua palavra (cf. *Lc* 10, 38). Penso de modo particular nos monges e monjas de clausura que, sob a forma de separação do mundo, se encontram mais intimamente unidos a Cristo, coração do mundo. A Igreja tem extrema necessidade do testemunho de quem se compromete a "nada antepor ao amor de Cristo".[279] Com frequência, o mundo atual vive demasiadamente absorvido pelas atividades exteriores, onde corre o risco de se perder. As mulheres e os homens contemplativos, com a sua vida de oração, de escuta e meditação da Palavra de Deus lembram-nos que não só de pão vive o homem, mas de toda a palavra que sai da boca de Deus (cf. *Mt* 4, 4). Por isso, todos os fiéis tenham bem presente que uma tal forma de vida "indica ao mundo de hoje o que é mais importante e, no fim de contas, a única coisa decisiva: existe uma razão última pela qual vale a pena viver, isto é, Deus e o seu amor imperscrutável".[280]

d) Palavra de Deus e fiéis leigos

84. O Sínodo concentrou muitas vezes a sua atenção nos fiéis leigos, agradecendo-lhes o generoso

---

[279] SÃO BENTO, *Regra*, IV, 21: *SC* 181, 456-458.

[280] BENTO XVI, *Discurso durante a visita à Abadia de "Heiligenkreuz"* (9 de setembro de 2007): *AAS* 99 (2007), 856.

empenho com que difundem o Evangelho nos vários âmbitos da vida diária: no trabalho, na escola, na família e na educação.[281] Tal obrigação, que deriva do batismo, deve poder desenrolar-se através de uma vida cristã cada vez mais consciente e capaz de dar "razão da esperança" que vive em nós (cf. *1 Pd* 3, 15). Jesus, no *Evangelho de Mateus*, indica que "o campo é o mundo, a boa semente são os filhos do Reino" (13, 38). Estas palavras aplicam-se de modo particular aos leigos cristãos, que realizam a própria vocação à santidade com uma vida segundo o Espírito que se exprime "de forma peculiar na sua *inserção nas realidades temporais* e na sua *participação nas atividades terrenas*".[282] Precisam de ser formados a discernir a vontade de Deus por meio de uma familiaridade com a Palavra de Deus, lida e estudada na Igreja, sob a guia dos legítimos Pastores. Possam eles beber esta formação nas escolas das grandes espiritualidades eclesiais, em cuja raiz está sempre a Sagrada Escritura. As próprias dioceses, na medida das suas possibilidades, proporcionem oportunidades de uma tal formação aos leigos com particulares responsabilidades eclesiais.[283]

---

[281] Cf. *Propositio* 30.

[282] JOÃO PAULO II, Exort. ap. pós-sinodal *Christifideles laici* (30 de dezembro de 1988), 17: *AAS* 81 (1989), 418.

[283] Cf. *Propositio* 33.

e) Palavra de Deus, matrimônio e família

85. O Sínodo sentiu necessidade de sublinhar também a relação entre Palavra de Deus, matrimônio e família cristã. Com efeito, "com o anúncio da Palavra de Deus, a Igreja revela à família cristã a sua verdadeira identidade, o que ela é e deve ser segundo o desígnio do Senhor".[284] Por isso, nunca se perca de vista que *a Palavra de Deus está na origem do matrimônio* (cf. *Gn* 2, 24) e que o próprio Jesus quis incluir o matrimônio entre as instituições do seu Reino (cf. *Mt* 19, 4-8), elevando a sacramento o que originalmente estava inscrito na natureza humana. "Na celebração sacramental, o homem e a mulher pronunciam uma palavra profética de doação recíproca: ser 'uma só carne', sinal do mistério da união de Cristo e da Igreja (cf. *Ef* 5, 31-32)".[285] A fidelidade à Palavra de Deus leva também a evidenciar que hoje esta instituição encontra-se, em muitos aspectos, sujeita a ataques pela mentalidade corrente. Perante a difundida desordem dos sentimentos e o despontar de modos de pensar que banalizam o corpo humano e a diferença sexual, a Palavra de Deus reafirma a bondade originária do ser humano, criado como

---

[284] JOÃO PAULO II, Exort. ap. *Familiaris consortio* (22 de novembro de 1981), 49: *AAS* 74 (1982), 140-141.

[285] *Propositio* 20.

homem e mulher e chamado ao amor fiel, recíproco e fecundo.

Do grande mistério nupcial deriva uma imprescindível *responsabilidade dos pais em relação aos seus filhos*. De fato, pertence à autêntica paternidade e maternidade a comunicação e o testemunho do sentido da vida em Cristo: através da fidelidade e unidade da vida familiar, os esposos são, para os seus filhos, os primeiros anunciadores da Palavra de Deus. A comunidade eclesial deve sustentá-los e ajudá-los a desenvolverem a oração em família, a escuta da Palavra, o conhecimento da Bíblia. Por isso, o Sínodo deseja que *cada casa tenha a sua Bíblia* e a conserve em lugar digno para poder lê-la e utilizá-la na oração. A ajuda necessária pode ser fornecida por sacerdotes, diáconos e leigos bem preparados. O Sínodo recomendou também a formação de pequenas comunidades entre famílias, onde se cultive a oração e a meditação em comum de trechos apropriados da Sagrada Escritura.[286] Os esposos lembrem-se de que "a Palavra de Deus é um amparo precioso inclusive nas dificuldades da vida conjugal e familiar".[287]

Neste contexto, quero evidenciar as recomendações do Sínodo quanto à *função das mulheres*

---

[286] Cf. *Propositio* 21.

[287] *Propositio* 20.

relativamente à Palavra de Deus. A contribuição do "gênio feminino" – assim lhe chamava o Papa João Paulo II[288] – para o conhecimento da Escritura e para a vida inteira da Igreja é hoje maior do que no passado e tem a ver com o campo dos próprios estudos bíblicos. De modo especial, o Sínodo deteve-se sobre o papel indispensável das mulheres na família, na educação, na catequese e na transmissão dos valores. Com efeito, elas "sabem suscitar a escuta da Palavra, a relação pessoal com Deus e comunicar o sentido do perdão e da partilha evangélica",[289] como também ser portadoras de amor, mestras de misericórdia e construtoras de paz, comunicadoras de calor e humanidade num mundo que demasiadas vezes se limita a avaliar as pessoas com os critérios frios da exploração e do lucro.

Leitura orante da Sagrada Escritura e "lectio divina"

86. O Sínodo insistiu repetidamente sobre a exigência de uma abordagem orante do texto sagrado como elemento fundamental da vida espiritual de todo

---

[288] Cf. Carta ap. *Mulieris dignitatem* (15 de agosto de 1988), 31: *AAS* 80 (1988), 1727-1729.

[289] *Propositio* 17.

o fiel, nos diversos ministérios e estados de vida, com particular referência à *lectio divina*.[290] Com efeito, a Palavra de Deus está na base de toda a espiritualidade cristã autêntica. Esta posição dos Padres sinodais está em sintonia com o que diz a Constituição dogmática *Dei Verbum*: Todos os fiéis "debrucem-se, pois, gostosamente sobre o texto sagrado, quer através da sagrada Liturgia, rica de palavras divinas, quer pela leitura espiritual, quer por outros meios que se vão espalhando tão louvavelmente por toda a parte, com a aprovação e estímulo dos pastores da Igreja. Lembrem--se, porém, que a leitura da Sagrada Escritura deve ser acompanhada de oração".[291] A reflexão conciliar pretendia retomar a grande tradição patrística que sempre recomendou abeirar-se da Escritura em diálogo com Deus. Como diz Santo Agostinho: "A tua oração é a tua palavra dirigida a Deus. Quando lês, é Deus que te fala; quando rezas, és tu que falas a Deus".[292] Orígenes, um dos mestres nesta leitura da Bíblia, defende que a inteligência das Escrituras exige, ainda mais do que o estudo, a intimidade com Cristo e a oração; realmente é sua convicção que o caminho privilegiado para conhecer Deus é o amor e de que não existe uma autêntica *scientia Christi* sem enamorar-se d'Ele. Na *Carta a*

---

[290] Cf. *Propositiones* 9 e 22.

[291] N. 25.

[292] *Enarrationes in Psalmos*, 85, 7: *PL* 37, 1086.

Gregório, o grande teólogo alexandrino recomenda: "Dedica-te à *lectio* das divinas Escrituras; aplica-te a isto com perseverança. Empenha-te na *lectio* com a intenção de crer e agradar a Deus. Se durante a *lectio* te encontras diante de uma porta fechada, bate e ser-te-á aberta por aquele guardião de que falou Jesus: 'O guardião abrir-lha-á'. Aplicando-te assim à *lectio divina*, procura com lealdade e inabalável confiança em Deus o sentido das Escrituras divinas, que nelas amplamente se encerra. Mas não deves contentar-te com bater e procurar; para compreender as coisas de Deus, tens necessidade absoluta da *oratio*. Precisamente para nos exortar a ela é que o Salvador não se limitou a dizer: 'procurai e encontrareis' e 'batei e ser-vos-á aberto', mas acrescentou: 'pedi e recebereis'".[293]

A este propósito, porém, deve-se *evitar o risco de uma abordagem individualista*, tendo presente que a Palavra de Deus nos é dada precisamente para construir comunhão, para nos unir na Verdade no nosso caminho para Deus. Sendo uma Palavra que se dirige a cada um pessoalmente, é também uma Palavra que constrói comunidade, que constrói a Igreja. Por isso, *o texto sagrado deve-se abordar sempre na comunhão eclesial*. Com efeito, "é muito importante a leitura comunitária, porque o sujeito vivo da Sagrada Escri-

---

[293] ORÍGENES, *Epistola ad Gregorium*, 3: *PG* 11, 92.

tura é o Povo de Deus, é a Igreja. [...] A Escritura não pertence ao passado, porque o seu sujeito, o Povo de Deus inspirado pelo próprio Deus, é sempre o mesmo e, portanto, a Palavra está sempre viva no sujeito vivo. Então é importante ler a Sagrada Escritura e ouvi-la na comunhão da Igreja, isto é, com todas as grandes testemunhas desta Palavra, a começar dos primeiros Padres até aos Santos de hoje e ao Magistério atual".[294]

Por isso, na leitura orante da Sagrada Escritura, *o lugar privilegiado é a Liturgia*, particularmente *a Eucaristia*, na qual, ao celebrar o Corpo e o Sangue de Cristo no Sacramento, se atualiza no meio de nós a própria Palavra. Em certo sentido, a leitura orante pessoal e comunitária deve ser vivida sempre em relação com a celebração eucarística. Assim como a adoração eucarística prepara, acompanha e prolonga a liturgia eucarística,[295] assim também a leitura orante pessoal e comunitária prepara, acompanha e aprofunda o que a Igreja celebra com a proclamação da Palavra no âmbito litúrgico. Colocando em relação tão estreita *lectio* e liturgia, podem-se identificar melhor os critérios que devem guiar esta leitura no contexto da pastoral e da vida espiritual do Povo de Deus.

---

[294] BENTO XVI, *Discurso aos alunos do Seminário Maior Romano* (19 de fevereiro de 2007): *AAS* 99 (2007), 253-254.

[295] Cf. BENTO XVI, Exort. ap. pós-sinodal *Sacramentum caritatis* (22 de fevereiro de 2007), 66: *AAS* 99 (2007), 155-156.

87. Nos documentos que prepararam e acompanharam o Sínodo, falou-se dos vários métodos para se abeirar, com fruto e na fé, das Sagradas Escrituras. Todavia prestou-se maior atenção à *lectio divina*, que "é verdadeiramente capaz não só de desvendar ao fiel o tesouro da Palavra de Deus, mas também de criar o encontro com Cristo, Palavra divina viva".[296] Quero aqui lembrar, brevemente, os seus passos fundamentais: começa com a leitura (*lectio*) do texto, que suscita a interrogação sobre um autêntico conhecimento do seu conteúdo: *o que diz o texto bíblico em si*? Sem este momento, corre-se o risco que o texto se torne somente um pretexto para nunca ultrapassar os nossos pensamentos. Segue-se depois a meditação (*meditatio*), durante a qual nos perguntamos: *que nos diz o texto bíblico*? Aqui cada um, pessoalmente mas também como realidade comunitária, deve deixar-se sensibilizar e pôr em questão, porque não se trata de considerar palavras pronunciadas no passado, mas no presente. Sucessivamente chega-se ao momento da oração (*oratio*), que supõe a pergunta: *que dizemos ao Senhor, em resposta à sua Palavra*? A oração enquanto pedido, intercessão, ação de graças e louvor é o primeiro modo como a Palavra nos transforma. Finalmente, a *lectio divina* conclui-se com a contemplação (*contemplatio*), durante a qual assumimos como dom de Deus o seu próprio olhar, ao julgar a realidade,

---

[296] *Mensagem final*, III, 9.

e interrogamo-nos: *qual é a conversão da mente, do coração e da vida que o Senhor nos pede?* São Paulo, na *Carta aos Romanos*, afirma: "Não vos conformeis com este século, mas transformai-vos pela renovação da vossa mente, a fim de conhecerdes a vontade de Deus: o que é bom, o que Lhe é agradável e o que é perfeito" (12, 2). De fato, a contemplação tende a criar em nós uma visão sapiencial da realidade segundo Deus e a formar em nós "o pensamento de Cristo" (*1 Cor* 2, 16). Aqui a Palavra de Deus aparece como critério de discernimento: ela é "viva, eficaz e mais penetrante que uma espada de dois gumes; penetra até dividir a alma e o corpo, as junturas e as medulas e discerne os pensamentos e intenções do coração" (*Hb* 4, 12). Há que recordar ainda que a *lectio divina* não está concluída, na sua dinâmica, enquanto não chegar à ação (*actio*), que impele a existência do fiel a doar-se aos outros na caridade.

Estes passos encontramo-los sintetizados e resumidos, de forma sublime, na figura da Mãe de Deus. Modelo para todo o fiel de acolhimento dócil da Palavra divina, Ela "conservava todas estas coisas, ponderando-as no seu coração" (*Lc* 2, 19; cf. 2, 51), e sabia encontrar o nexo profundo que une os aconte-cimentos, os atos e as realidades, aparentemente desconexos, no grande desígnio divino.[297]

---

[297] Cf. *ibidem*.

Além disso, quero lembrar a recomendação feita durante o Sínodo relativa à importância da leitura pessoal da Escritura como prática que prevê a possibilidade também de obter, segundo as disposições habituais da Igreja, a indulgência para si próprio ou para os defuntos.[298] A prática da indulgência[299] implica a doutrina dos méritos infinitos de Cristo – que a Igreja, como ministra da redenção, concede e aplica –, mas supõe também a doutrina da Comunhão dos Santos, que nos mostra "como é íntima a nossa união em Cristo e quanto a vida sobrenatural de cada um pode auxiliar os outros".[300] Nesta perspectiva, a leitura da Palavra de Deus apoia-nos no caminho de penitência e conversão, permite-nos aprofundar o sentido de pertença eclesial e conserva-nos numa familiaridade mais profunda com Deus. Como afirmava Santo Ambrósio, quando tomamos nas mãos, com fé, as Sagradas

---

[298] "*Plenaria indulgentia* conceditur christifideli qui Sacram Scripturam, iuxta textum a competenti auctoritate adprobatum, cum veneratione divino eloquio debita et ad modum lectionis spiritalis, per dimidiam saltem horam legerit; si per minus tem-pus id egerit *indulgentia* erit *partialis* – Concede-se a *indulgência plenária* ao fiel que ler a Sagrada Escritura, num texto aprovado pela autoridade competente, com a devoção devida à palavra divina e a modo de leitura espiritual, pelo menos meia hora; se a leitura durar menos tempo, a *indulgência* é *parcial*": PAENITENTIARIA APOSTOLICA, *Enchiridion Indulgentiarum. Normae et concessiones* (16 de julho de 1999), concessão n. 30-§ 1.

[299] Cf. *Catecismo da Igreja Católica*, 1471-1479.

[300] PAULO VI, Const. ap. *Indulgentiarum doctrina* (1º de janeiro de 1967), 9: *AAS* 59 (1967), 18-19.

Escrituras e as lemos com a Igreja, a pessoa humana volta a passear com Deus no paraíso.[301]

Palavra de Deus e oração mariana

88. Pensando na relação indivisível entre a Palavra de Deus e Maria de Nazaré, convido, juntamente com os Padres sinodais, a promover entre os fiéis, sobretudo na vida familiar, as orações marianas que constituem uma ajuda para meditar os santos mistérios narrados pela Sagrada Escritura. Um meio muito útil é, por exemplo, a recitação pessoal ou comunitária do *Rosário*,[302] que repercorre juntamente com Maria os mistérios da vida de Cristo[303] e que o Papa João Paulo II quis enriquecer com os mistérios de luz.[304] É conveniente que o anúncio dos diversos mistérios seja acompanhado por breves trechos da Bíblia sobre o mistério enunciado, para assim favorecer a memorização de algumas expressões significativas da Escritura relativas aos mistérios da vida de Cristo.

---

[301] Cf. *Epistula* 49, 3: *PL* 16, 1204A.

[302] Cf. CONGR. PARA O CULTO DIVINO E A DISCIPLINA DOS SACRAMENTOS, *Diretório sobre Piedade Popular e Liturgia. Princípios e Orientações* (17 de dezembro de 2001), 197-202: *Ench. Vat.* 20, nn. 2638-2643.

[303] Cf. *Propositio* 55.

[304] Cf. JOÃO PAULO II, Carta ap. *Rosarium Virginis Mariae* (16 de outubro de 2002): *AAS* 95 (2003), 5-36.

Além disso, o Sínodo recomendou que se promova entre os fiéis a recitação da oração do *Angelus Domini*. Trata-se de uma oração simples e profunda que nos permite "recordar diariamente o Verbo Encarnado".[305] É oportuno que o Povo de Deus, as famílias e as comunidades de pessoas consagradas sejam fiéis a esta oração mariana, que a tradição nos convida a rezar ao alvorecer, ao meio-dia e ao entardecer. Na oração do *Angelus Domini*, pedimos a Deus que, pela intercessão de Maria, nos seja concedido também cumprir a vontade de Deus como Ela e acolher em nós a sua Palavra. Esta prática pode ajudar-nos a intensificar um amor autêntico ao mistério da Encarnação.

Merecem ser conhecidas, apreciadas e difundidas também algumas antigas orações do Oriente cristão que, através de uma referência à *Theotokos*, à Mãe de Deus, percorrem toda a história da salvação. Referimo-nos particularmente ao *Akathistos* e à *Paraklesis*. São hinos de louvor cantados em forma de litania, impregnados de fé eclesial e de alusões bíblicas, que ajudam os fiéis a meditar juntamente com Maria os mistérios de Cristo. De modo especial, o venerável hino à Mãe de Deus denominado *Akathistos* – quer dizer: cantado permanecendo de pé –, representa uma das mais altas

---

[305] *Propositio* 55.

expressões de piedade mariana da tradição bizantina.[306] Rezar com estas palavras dilata a alma e dispõe-na para a paz que vem do Alto, de Deus – a paz que é o próprio Cristo, nascido de Maria para a nossa salvação.

Palavra de Deus e Terra Santa

89. Recordando o Verbo de Deus que Se faz carne no seio de Maria de Nazaré, o nosso coração volta-se agora para aquela Terra onde se cumpriu o mistério da nossa redenção e donde a Palavra de Deus se difundiu até aos confins do mundo. De fato, por obra do Espírito Santo, o Verbo encarnou num momento concreto e num lugar determinado, numa orla de terra situada nos confins do Império Romano. Por isso, quanto mais contemplamos a universalidade e a unicidade da pessoa de Cristo, tanto mais olhamos agradecidos para aquela Terra onde Jesus nasceu, viveu e Se entregou a Si mesmo por todos nós. As pedras sobre as quais caminhou o nosso Redentor permanecem para nós carregadas de recordações e continuam a "gritar" a Boa Nova. Por isso, os Padres sinodais lembraram a expressão feliz dada à Terra Santa: "o quinto Evangelho".[307] Como é importante a existência de comunidades cristãs naqueles lugares,

---

[306] Cf. CONGR. PARA O CULTO DIVINO E A DISCIPLINA DOS SA-CRAMENTOS, *Diretório sobre Piedade Popular e Liturgia. Princípios e Orientações* (17 de dezembro de 2001), 207: *Ench. Vat.* 20, nn. 2656-2657.

[307] Cf. *Propositio* 51.

apesar das inúmeras dificuldades! O Sínodo dos Bispos exprime profunda solidariedade a todos os cristãos que vivem na Terra de Jesus, dando testemunho da fé no Ressuscitado. Lá os cristãos são chamados a servir como "um farol de fé para a Igreja universal e também como fermento de harmonia, sabedoria e equilíbrio na vida duma sociedade que tradicionalmente foi e continua a ser pluralista, multiétnica e multirreligiosa".[308]

A Terra Santa continua ainda hoje a ser meta de peregrinação do povo cristão, vivida como gesto de oração e de penitência, como o era já na antiguidade segundo o testemunho de autores como São Jerônimo.[309] Quanto mais voltamos o olhar e o coração para a Jerusalém terrena, tanto mais se inflama em nós o desejo da Jerusalém celeste, verdadeira meta de toda a peregrinação, e a paixão de que o nome de Jesus – o único em que se encontra a salvação – seja reconhecido por todos (cf. *At* 4, 12).

---

[308] BENTO XVI, *Homilia na Santa Missa junto do Vale de Josafat, em Jerusalém* (12 de maio de 2009): *AAS* 101 (2009), 473.

[309] Cf. *Epistula* 108, 14: *CSEL* 55, 324-325.

III PARTE
VERBUM MUNDO

*"Ninguém jamais viu a Deus: o Filho único,
que está no seio do Pai, é que O deu a
conhecer" (Jo 1, 18)*

A MISSÃO DA IGREJA: ANUNCIAR A PALAVRA DE DEUS AO MUNDO

A Palavra que sai do Pai e volta para o Pai

90. São João sublinha fortemente o paradoxo fundamental da fé cristã. Por um lado, afirma que "ninguém jamais viu a Deus" (*Jo* 1, 18; cf. *1 Jo* 4, 12): de modo nenhum podem as nossas imagens, conceitos ou palavras definir ou calcular a realidade infinita do Altíssimo; permanece o *Deus semper maior*. Por outro lado, diz que realmente o Verbo "Se fez carne" (*Jo* 1, 14). O Filho unigênito, que está voltado para o seio do Pai, revelou o Deus que "ninguém jamais viu" (*Jo* 1, 18). Jesus Cristo vem a nós "cheio de graça e de verdade" (*Jo* 1, 14), que nos são dadas por meio d'Ele (cf. *Jo* 1, 17); de fato, "da sua plenitude é que todos nós recebemos, graça sobre graça" (*Jo* 1, 16). E assim, no Prólogo, o evangelista João contempla o Verbo desde o seu estar junto de Deus passando pelo fazer-Se carne, até o regresso ao seio do Pai, levando consigo a nossa própria humanidade que assumiu para sempre. Neste sair do Pai e voltar ao Pai (cf. *Jo* 13, 3; 16, 28; 17, 8.10), Ele apresenta-Se-nos como o "Narrador" de Deus (cf.

Jo 1, 18). De fato, o Filho – afirma Santo Ireneu de Lião – "é o Revelador do Pai".[310] Jesus de Nazaré é, por assim dizer, o "exegeta" de Deus que "ninguém jamais viu"; "Ele é a imagem do Deus invisível" (*Cl* 1, 15). Cumpre-se aqui a profecia de Isaías relativa à eficácia da Palavra do Senhor: assim como a chuva e a neve descem do céu para regar e fazer germinar a terra, assim também a Palavra de Deus "não volta sem ter produzido o seu efeito, sem ter executado a minha vontade e cumprido a sua missão" (*Is* 55, 10-11). Jesus Cristo é esta Palavra definitiva e eficaz que saiu do Pai e voltou a Ele, realizando perfeitamente no mundo a sua vontade.

Anunciar ao mundo o "Logos" da Esperança

91. O Verbo de Deus comunicou-nos a vida divina que transfigura a face da terra, fazendo novas todas as coisas (cf. *Ap* 21, 5). A sua Palavra envolve--nos não só como *destinatários* da revelação divina, mas também como seus *arautos*. Ele, o enviado do Pai para cumprir a sua vontade (cf. *Jo* 5, 36-38; 6, 38-40; 7, 16-18), atrai-nos a Si e envolve-nos na sua vida e missão. Assim o Espírito do Ressuscitado habilita a nossa vida para o anúncio eficaz da Palavra em todo o mundo. É a experiência da primeira comunidade cristã,

---

[310] *Adversus haereses*, IV, 20, 7: *PG* 7, 1037.

que via difundir-se a Palavra por meio da pregação e do testemunho (cf. *At* 6, 7). Quero citar aqui particularmente a vida do Apóstolo Paulo, um homem arrebatado completamente pelo Senhor (cf. *Fl* 3, 12) – "já não sou eu que vivo, é Cristo que vive em mim" (*Gl* 2, 20) – e pela sua missão: "Ai de mim se não evangelizar!" (*1 Cor* 9, 16), ciente de que em Cristo se revela realmente a salvação de todas as nações, a libertação da escravidão do pecado para entrar na liberdade dos filhos de Deus.

Com efeito, o que a Igreja anuncia ao mundo é o *Logos da Esperança* (cf. *1 Pd* 3, 15); o homem precisa da "grande Esperança" para poder viver o seu próprio presente – a grande esperança que é "aquele Deus que possui um rosto humano e que nos 'amou até ao fim' (*Jo* 13, 1)".[311] Por isso, na sua essência, a Igreja é missionária. Não podemos guardar para nós as palavras de vida eterna que recebemos no encontro com Jesus Cristo: são para todos, para cada homem. Cada pessoa do nosso tempo – quer o saiba quer não – tem necessidade deste anúncio. Oxalá o Senhor suscite entre os homens, como nos tempos do profeta Amós, nova fome e nova sede das palavras do Senhor (cf. *Am* 8, 11). A nós cabe a responsabilidade de transmitir aquilo que por nossa vez tínhamos, por graça, recebido.

---

[311] BENTO XVI, Carta enc. *Spe salvi* (30 de novembro de 2007), 31: *AAS* 99 (2007), 1010.

Da Palavra de Deus deriva a missão da Igreja

92. O Sínodo dos Bispos reafirmou com veemência a necessidade de revigorar na Igreja a consciência missionária, presente no Povo de Deus desde a sua origem. Os primeiros cristãos consideraram o seu anúncio missionário como uma necessidade derivada da própria natureza da fé: o Deus em quem acreditavam era o Deus de todos, o Deus único e verdadeiro que Se manifestara na história de Israel e, por fim, no seu Filho, oferecendo assim a resposta que todos os homens, no seu íntimo, aguardam. As primeiras comunidades cristãs sentiram que a sua fé não pertencia a um costume cultural particular, que diverge de povo para povo, mas ao âmbito da verdade, que diz respeito igualmente a todos os homens.

Também aqui São Paulo nos ilustra, com a sua vida, o sentido da missão cristã e a sua originária universalidade. Pensemos no episódio do Areópago de Atenas, narrado pelos *Atos dos Apóstolos* (cf. 17, 16-34). O Apóstolo das Nações entra em diálogo com homens de culturas diversas, na certeza de que o mistério de Deus, Conhecido-Desconhecido, do qual todo o homem tem uma certa percepção embora confusa, revelou-Se realmente na história: "O que venerais sem conhecer, é que eu vos anuncio" (*At* 17, 23). De fato, a novidade do anúncio cristão é a possibilidade de dizer a todos os povos: "Ele mostrou-Se. Ele em pessoa. E agora está aberto o caminho para Ele. A novidade do anúncio cristão não consiste num pensamento mas num fato: Ele revelou-Se".[312]

A Palavra e o Reino de Deus

93. Por conseguinte, a missão da Igreja não pode ser considerada como realidade facultativa ou suplementar da vida eclesial. Trata-se de deixar que o Espírito Santo nos assimile a Cristo, participando assim na sua própria missão: "Assim como o Pai Me enviou, também Eu vos envio a vós" (*Jo* 20, 21), de modo a comunicar a Palavra com a vida inteira. É a própria Palavra que nos impele para os irmãos: é a Palavra que ilumina, purifica, converte; nós somos apenas servidores.

Por isso, é necessário descobrir cada vez mais a urgência e a beleza de anunciar a Palavra para a vinda do Reino de Deus, que o próprio Cristo pregou. Neste sentido, renovamos a consciência – tão familiar aos Padres da Igreja – de que o anúncio da Palavra tem como conteúdo o Reino de Deus (cf. *Mc* 1, 14-15), sendo este *a própria pessoa de Jesus* (o *Autobasileia*),

---

[312] BENTO XVI, *Discurso aos homens de cultura no "Collège des Bernardins" de Paris* (12 de setembro de 2008): *AAS* 100 (2008), 730.

como sugestivamente lembra Orígenes.[313] O Senhor oferece a salvação aos homens de cada época. Todos nos damos conta de quão necessário é que a luz de Cristo ilumine cada âmbito da humanidade: a família, a escola, a cultura, o trabalho, o tempo livre e os outros setores da vida social.[314] Não se trata de anunciar uma palavra anestesiante, mas desinstaladora, que chama à conversão, que torna acessível o encontro com Ele, através do qual floresce uma humanidade nova.

Todos os batizados responsáveis do anúncio

94. Uma vez que todo o Povo de Deus é um povo "enviado", o Sínodo reafirmou que "a missão de anunciar a Palavra de Deus é dever de todos os discípulos de Jesus Cristo, em consequência do seu batismo".[315] Nenhuma pessoa que crê em Cristo pode sentir-se alheia a esta responsabilidade que deriva do fato de ela pertencer sacramentalmente ao Corpo de Cristo. Esta consciência deve ser despertada em cada família, paróquia, comunidade, associação e movimento eclesial. Portanto toda a Igreja, enquanto mistério

---

[313] Cf. *In Evangelium secundum Matthaeum* 17, 7: *PG* 13, 1197B; S. JERÔNIMO, *Translatio homiliarum Origenis in Lucam* 36: *PL* 26, 324-325.

[314] Cf. BENTO XVI, *Homilia por ocasião da abertura da XII Assembleia Geral Ordinária do Sínodo dos Bispos* (5 de outubro de 2008): *AAS* 100 (2008), 757.

[315] *Propositio* 38.

de comunhão, é missionária e cada um, no seu próprio estado de vida, é chamado a dar uma contribuição incisiva para o anúncio cristão.

Bispos e sacerdotes, segundo a missão própria de cada um, são os primeiros chamados a uma vida cativada pelo serviço da Palavra, para anunciar o Evangelho, celebrar os Sacramentos e formar os fiéis no conhecimento autêntico das Escrituras. Sintam-se também os *diáconos* chamados a colaborar, segundo a própria missão, para este compromisso de evangelização.

A vida consagrada resplandece, em toda a história da Igreja, pela sua capacidade de assumir explicitamente o dever do anúncio e da pregação da Palavra de Deus na *missio ad gentes* e nas situações mais difíceis, mostrando-se disponível também para as novas condições de evangelização, empreendendo com coragem e audácia novos percursos e novos desafios para o anúncio eficaz da Palavra de Deus.[316]

Os *fiéis leigos* são chamados a exercer a sua missão profética, que deriva diretamente do batismo, e testemunhar o Evangelho na vida diária onde quer

---

[316] Cf. CONGR. PARA OS INSTITUTOS DE VIDA CONSAGRADA E AS SOCIEDADES DE VIDA APOSTÓLICA, Instr. *Recomeçar a partir de Cristo. Um renovado compromisso da vida consagrada no terceiro milénio* (19 de maio de 2002), 36: *Ench. Vat.* 21, nn. 488-491.

que se encontrem. A este respeito, os Padres sinodais exprimiram "a mais viva estima e gratidão bem como encorajamento pelo serviço à evangelização que muitos leigos, e particularmente as mulheres, prestam com generosidade e diligência nas comunidades espalhadas pelo mundo, a exemplo de Maria de Magdala, primeira testemunha da alegria pascal".[317] Além disso, o Sínodo reconhece, com gratidão, que os movimentos eclesiais e as novas comunidades constituem, na Igreja, uma grande força para a evangelização neste tempo, impelindo a desenvolver novas formas de anúncio do Evangelho.[318]

A necessidade da "missio ad gentes"

95. Ao exortar todos os fiéis para o anúncio da Palavra divina, os Padres sinodais reafirmaram a necessidade, no nosso tempo também, de um decidido empenho na *missio ad gentes*. A Igreja não pode de modo algum limitar-se a uma pastoral de "manutenção" para aqueles que já conhecem o Evangelho de Cristo. O ardor missionário é um sinal claro da maturidade de uma comunidade eclesial. Além disso, os Padres exprimiram vivamente a consciência de que a Palavra de Deus é a verdade salvífica da qual tem necessidade cada homem em todo o tempo. Por isso, o anúncio deve

---

[317] *Propositio* 30.
[318] Cf. *Propositio* 38.

ser explícito. A Igreja deve ir ao encontro de todos com a força do Espírito (cf. *1 Cor* 2, 5) e continuar profeticamente a defender o direito e a liberdade das pessoas escutarem a Palavra de Deus, procurando os meios mais eficazes para a proclamar, mesmo sob risco de perseguição.[319] A todos a Igreja se sente devedora de anunciar a Palavra que salva (cf. *Rm* 1, 14).

Anúncio e nova evangelização

96. O Papa João Paulo II, na esteira de quanto já expressara o Papa Paulo VI na Exortação apostólica *Evangelii nuntiandi*, tinha de muitos modos lembrado aos fiéis a necessidade de uma nova estação missionária para todo o Povo de Deus.[320] Na alvorada do terceiro milênio, não só existem muitos povos que ainda não conheceram a Boa Nova, mas há também muitos cristãos que têm necessidade que lhes seja anunciada novamente, de modo persuasivo, a Palavra de Deus, para poderem assim experimentar concretamente a força do Evangelho. Há muitos irmãos que são "batizados mas não suficientemente evangelizados".[321] É frequente ver nações, outrora ricas de fé e de vocações,

---

[319] Cf. *Propositio* 49.

[320] Cf. JOÃO PAULO II, Carta enc. *Redemptoris missio* (7 de dezembro de 1990): *AAS* 83 (1991), 294-340; IDEM, Carta ap. *Novo millennio ineunte* (6 de janeiro de 2001), 40: *AAS* 93 (2001), 294-295.

[321] *Propositio* 38.

que vão perdendo a própria identidade, sob a influência de uma cultura secularizada.[322] A exigência de uma nova evangelização, tão sentida pelo meu venerado Predecessor, deve-se reafirmar sem medo, na certeza da eficácia da Palavra divina. A Igreja, segura da fidelidade do seu Senhor, não se cansa de anunciar a boa nova do Evangelho e convida todos os cristãos a redescobrirem o fascínio de seguir Cristo.

Palavra de Deus e testemunho cristão

97. Os horizontes imensos da missão eclesial e a complexidade da situação presente requerem hoje modalidades renovadas para se poder comunicar eficazmente a Palavra de Deus. O Espírito Santo, agente primário de toda a evangelização, nunca deixará de guiar a Igreja de Cristo nesta atividade. Antes de mais nada, é importante que cada modalidade de anúncio tenha presente a relação intrínseca entre *comunicação da Palavra de Deus e testemunho cristão*; disso depende a própria credibilidade do anúncio. Por um lado, é necessária a Palavra que comunique aquilo que o próprio Senhor nos disse; por outro, é indispensável dar, com o testemunho, credibilidade a esta Palavra, para que não

---

[322] Cf. BENTO XVI, *Homilia por ocasião da abertura da XII Assembleia Geral Ordinária do Sínodo dos Bispos* (5 de outubro de 2008): *AAS* 100 (2008), 753-757.

apareça como uma bela filosofia ou utopia, mas antes como uma realidade que se pode viver e que faz viver. Esta reciprocidade entre Palavra e testemunho recorda o modo como o próprio Deus Se comunicou por meio da encarnação do seu Verbo. A Palavra de Deus alcança os homens "através do encontro com testemunhas que a tornam presente e viva".[323] Particularmente as novas gerações têm necessidade de ser introduzidas na Palavra de Deus "através do encontro e do testemunho autêntico do adulto, da influência positiva dos amigos e da grande companhia que é a comunidade eclesial".[324]

Há uma relação estreita entre o testemunho da Escritura, como atestado que a Palavra de Deus dá de si mesma, e o testemunho de vida dos crentes. Um implica e conduz ao outro. O testemunho cristão comunica a Palavra atestada nas Escrituras. Por sua vez, as Escrituras explicam o testemunho que os cristãos são chamados a dar com a própria vida. Deste modo, aqueles que encontram testemunhas credíveis do Evangelho são levados a constatar a eficácia da Palavra de Deus naqueles que a acolhem.

98. Nesta circularidade entre testemunho e Palavra, compreendem-se as afirmações do Papa Paulo VI na Exortação apostólica *Evangelii nuntiandi*. A nossa

---

[323] *Propositio* 38.

[324] *Mensagem final*, IV, 12.

responsabilidade não se limita a sugerir ao mundo valores que compartilhamos; mas é preciso chegar ao anúncio explícito da Palavra de Deus. Só assim seremos fiéis ao mandato de Cristo: "Por conseguinte a Boa Nova proclamada pelo testemunho de vida deverá, mais cedo ou mais tarde, ser anunciada pela palavra de vida. Não há verdadeira evangelização, se o nome, a doutrina, a vida, as promessas, o Reino, o mistério de Jesus de Nazaré, Filho de Deus, não forem proclamados".[325]

O fato do anúncio da Palavra de Deus requerer o testemunho da própria vida é um dado bem presente na consciência cristã desde as suas origens. O próprio Cristo é a testemunha fiel e verdadeira (cf. *Ap* 1, 5; 3, 14), testemunha da Verdade (cf. *Jo* 18, 37). A este propósito, desejo recordar os inumeráveis testemunhos que tivemos a graça de ouvir durante a assembleia sinodal. Ficamos profundamente impressionados com o relato daqueles que souberam viver a fé e dar luminosos testemunhos do Evangelho mesmo sob regimes contrários ao cristianismo ou em situações de perseguição.

Tudo isto não nos deve meter medo. O próprio Jesus disse aos seus discípulos: "Um servo não é maior que o seu senhor. Se a Mim Me perseguiram também

---

[325] PAULO VI, Exort. ap. *Evangelii nuntiandi* (8 de dezembro de 1975), 22: *AAS* 68 (1976), 20.

vos perseguirão a vós" (*Jo* 15, 20). Por isso desejo elevar a Deus, com toda a Igreja, um hino de louvor pelo testemunho de muitos irmãos e irmãs que, mesmo neste nosso tempo, deram a vida para comunicar a verdade do amor de Deus que nos foi revelado em Cristo crucificado e ressuscitado. Além disso, exprimo a gratidão da Igreja inteira aos cristãos que não se rendem perante os obstáculos e as perseguições por causa do Evangelho. Ao mesmo tempo unimo-nos, com profunda e solidária estima, aos fiéis de todas as comunidades cristãs, particularmente na Ásia e na África, que neste tempo arriscam a vida ou a marginalização social por causa da fé. Vemos realizar-se aqui o espírito das bem-aventuranças do Evangelho para aqueles que são perseguidos por causa do Senhor Jesus (cf. *Mt* 5, 11). Ao mesmo tempo não cessamos de erguer a nossa voz para que os governos das nações garantam a todos liberdade de consciência e de religião, inclusive para poder testemunhar publicamente a própria fé.[326]

---

[326] Cf. CONC. ECUM. VAT. II, Decl. *Dignitatis humanae*, 2.7.

PALAVRA DE DEUS E COMPROMISSO NO MUNDO

Servir Jesus nos seus "irmãos mais pequeninos" (Mt 25, 40)

99. A Palavra divina ilumina a existência humana e leva as consciências a reverem em profundidade a própria vida, porque toda a história da humanidade está sob o juízo de Deus: "Quando o Filho do Homem vier na sua glória, acompanhado por todos os seus anjos, sentar-Se-á, então, no seu trono de glória. Perante Ele reunir-se-ão todas as nações" (*Mt* 25, 31-32). No nosso tempo, detemo-nos muitas vezes superficialmente no valor do instante que passa, como se fosse irrelevante para o futuro. Diversamente, o Evangelho recorda-nos que cada momento da nossa existência é importante e deve ser vivido intensamente, sabendo que cada um deverá prestar contas da própria vida. No capítulo vinte e cinco do *Evangelho de Mateus*, o Filho do Homem considera como feito ou não feito a Si aquilo que tivermos feito ou deixado de fazer a um só dos seus "irmãos mais pequeninos" (25, 40.45): "Tive fome e destes-Me de comer, tive sede e destes-Me de beber; era peregrino e recolhestes-Me; estava nu e destes-Me de

vestir; adoeci e visitastes-Me; estive na prisão e fostes ter comigo" (25, 35-36). Deste modo, é a própria Palavra de Deus que nos recorda a necessidade do nosso compromisso no mundo e a nossa responsabilidade diante de Cristo, Senhor da História. Quando anunciamos o Evangelho, exortamo-nos reciprocamente a cumprir o bem e a empenhar-nos pela justiça, pela reconciliação e pela paz.

Palavra de Deus e compromisso na sociedade pela justiça

100. A Palavra de Deus impele o homem para relações animadas pela retidão e pela justiça, confirma o valor precioso aos olhos de Deus de todas as fadigas do homem para tornar o mundo mais justo e mais habitável.[327] A própria Palavra de Deus denuncia, sem ambiguidade, as injustiças e promove a solidariedade e a igualdade.[328] À luz das palavras do Senhor, reconheçamos pois os "sinais dos tempos" presentes na história, não nos furtemos ao compromisso em favor de quantos sofrem e são vítimas do egoísmo. O Sínodo lembrou que o compromisso pela justiça e a transformação do mundo é constitutivo da evangelização. Como dizia

---

[327] Cf. *Propositio* 39.

[328] Cf. BENTO XVI, *Mensagem para o Dia Mundial da Paz de 2009* (8 de dezembro de 2008): *Insegnamenti* IV/2 (2008), 792-802.

o Papa Paulo VI, trata-se de "chegar a atingir e como que a modificar pela força do Evangelho os critérios de julgar, os valores que contam, os centros de interesse, as linhas de pensamento, as fontes inspiradoras e os modelos de vida da humanidade, que se apresentam em contraste com a Palavra de Deus e com o desígnio da salvação".[329]

Com este objetivo, os Padres sinodais dirigiram um pensamento particular a quantos estão empenhados na vida política e social. A evangelização e a difusão da Palavra de Deus devem inspirar a sua ação no mundo à procura do verdadeiro bem de todos, no respeito e promoção da dignidade de toda a pessoa. Certamente não é tarefa direta da Igreja criar uma sociedade mais justa, embora lhe caiba o direito e o dever de intervir sobre as questões éticas e morais que dizem respeito ao bem das pessoas e dos povos. Compete sobretudo aos fiéis leigos formados na escola do Evangelho intervir diretamente na ação social e política. Por isso o Sínodo recomenda uma adequada educação segundo os princípios da doutrina social da Igreja.[330]

101. Além disso, quero chamar a atenção geral para a importância de defender e promover os *direi-*

---

[329] Exort. ap. *Evangelii nuntiandi* (8 de dezembro de 1975), 19: *AAS* 68 (1976), 18.

[330] Cf. *Propositio* 39.

tos humanos de toda a pessoa, que, como tais, são "universais, invioláveis e inalienáveis".[331] A Igreja aproveita a ocasião extraordinária oferecida pelo nosso tempo para que a dignidade humana, através da afirmação de tais direitos, seja mais eficazmente reconhecida e promovida universalmente,[332] como característica impressa por Deus criador na sua criatura, assumida e redimida por Jesus Cristo através da sua encarnação, morte e ressurreição. Por isso a difusão da Palavra de Deus não pode deixar de reforçar a consolidação e o respeito dos direitos humanos de cada pessoa.[333]

Anúncio da Palavra de Deus, reconciliação e paz entre os povos

102. Dentre os numerosos âmbitos de compromisso, o Sínodo recomendou vivamente a promoção da reconciliação e da paz. No contexto atual, é grande a necessidade de descobrir a Palavra de Deus como fonte de reconciliação e de paz, porque nela Deus reconcilia em Si todas as coisas (cf. *2 Cor* 5, 18-20;

---

[331] JOÃO XXIII, Carta enc. *Pacem in terris* (11 de abril de 1963), I: *AAS* 55 (1963), 259.

[332] Cf. JOÃO PAULO II, Carta enc. *Centesimus annus* (1º de maio de 1991), 47: *AAS* 83 (1991), 851-852; IDEM, *Discurso à Assembleia Geral das Nações Unidas* (2 de outubro de 1979), 13: *AAS* 71 (1979), 1152-1153.

[333] Cf. *Compêndio da Doutrina Social da Igreja*, 152-159.

Ef 1, 10): Cristo "é a nossa paz" (*Ef* 2, 14), Aquele que derruba os muros de divisão. Muitos testemunhos no Sínodo comprovaram os graves e sangrentos conflitos e as tensões presentes no nosso planeta. Às vezes tais hostilidades parecem assumir o aspecto de conflito inter-religioso. Quero uma vez mais reafirmar que a religião nunca pode justificar a intolerância ou as guerras. Não se pode usar a violência em nome de Deus![334] Toda a religião devia impelir para um uso correto da razão e promover valores éticos que edifiquem a convivência civil.

Fiéis à obra de reconciliação realizada por Deus em Jesus Cristo, crucificado e ressuscitado, os católicos e todos os homens de boa vontade empenhem-se por dar exemplos de reconciliação para se construir uma sociedade justa e pacífica.[335] Nunca esqueçamos que "onde as palavras humanas se tornam impotentes, porque prevalece o trágico clamor da violência e das armas, a força profética da Palavra de Deus não esmorece e repete-nos que a paz é possível e que devemos, nós mesmos, ser instrumentos de reconciliação e de paz".[336]

---

[334] Cf. BENTO XVI, *Mensagem para o Dia Mundial da Paz de 2007* (8 de dezembro de 2006): *Insegnamenti*, II/2 (2006), 780.

[335] Cf. *Propositio* 8.

[336] BENTO XVI, *Homilia* (25 de janeiro de 2009): *Insegnamenti* V/1 (2009), 141.

A Palavra de Deus e a caridade ativa

103. O compromisso pela justiça, a reconciliação e a paz encontra a sua raiz última e perfeição no amor que nos foi revelado em Cristo. Ouvindo os testemunhos proferidos no Sínodo, tornamo-nos mais atentos à ligação que há entre a escuta amorosa da Palavra de Deus e o serviço desinteressado aos irmãos; que todos os fiéis compreendam "a necessidade de traduzir em gestos de amor a palavra escutada, porque só assim se torna credível o anúncio do Evangelho, apesar das fragilidades humanas que marcam as pessoas".[337] Jesus passou por este mundo fazendo o bem (cf. *At* 10, 38). Escutando com ânimo disponível a Palavra de Deus na Igreja, desperta-se "a caridade e a justiça para com todos, sobretudo para com os pobres".[338] É preciso nunca esquecer que "o amor – *caritas* – será sempre necessário, mesmo na sociedade mais justa. [...] Quem quer desfazer-se do amor, prepara-se para se desfazer do homem enquanto homem".[339] Por isso, exorto todos os fiéis a meditarem com frequência o hino à caridade escrito pelo Apóstolo Paulo, deixando-se inspirar por

---

[337] BENTO XVI, *Homilia por ocasião do encerramento da XII Assembleia Geral Ordinária do Sínodo dos Bispos* (26 de outubro de 2008): *AAS* 100 (2008), 779.

[338] *Propositio* 11.

[339] BENTO XVI, Carta enc. *Deus caritas est* (25 de dezembro de 2005), 28: *AAS* 98 (2006), 240.

ele: "A caridade é paciente, a caridade é benigna, não é invejosa; a caridade não se ufana, não se ensoberbece, não é inconveniente, não procura o seu interesse, não se irrita, não suspeita mal, não se alegra com a injustiça, mas rejubila com a verdade. Tudo desculpa, tudo crê, tudo espera, tudo suporta. A caridade nunca acabará" (*1 Cor* 13, 4-8).

Deste modo o amor do próximo, radicado no amor de Deus, deve ser o nosso compromisso constante como indivíduos e como comunidade eclesial local e universal. Diz Santo Agostinho: "É fundamental compreender que a plenitude da Lei, bem como de todas as Escrituras divinas, é o amor [...]. Por isso quem julga ter compreendido as Escrituras, ou pelo menos uma parte qualquer delas, mas não se empenha a construir, através da sua inteligência, este duplo amor de Deus e do próximo, demonstra que ainda não as compreendeu".[340]

Anúncio da Palavra de Deus e os jovens

104. O Sínodo reservou uma atenção particular ao anúncio da Palavra divina feito às novas gerações. Os jovens já são membros ativos da Igreja e representam o seu futuro. Muitas vezes encontramos neles uma

---

[340] *De doctrina christiana*, I, 35, 39 – 36, 40: *PL* 34, 34.

abertura espontânea à escuta da Palavra de Deus e um *desejo sincero de conhecer Jesus*. De fato, na idade da juventude, surgem de modo irreprimível e sincero as *questões* sobre o sentido da própria vida e sobre a direção que se deve dar à própria existência. A estas questões só Deus sabe dar verdadeira resposta. Esta solicitude pelo mundo juvenil implica a coragem de um anúncio claro; devemos ajudar os jovens a ganharem confidência e familiaridade com a Sagrada Escritura, para que seja como uma bússola que indica a estrada a seguir.[341] Para isso, precisam de testemunhas e mestres, que caminhem com eles e os orientem para amarem e por sua vez comunicarem o Evangelho sobretudo aos da sua idade, tornando-se eles mesmos arautos autênticos e credíveis.[342]

É preciso que a Palavra divina seja apresentada também nas suas implicações vocacionais de modo a ajudar e orientar os jovens nas suas opções de vida, incluindo a consagração total.[343] Autênticas vocações para a vida consagrada e para o sacerdócio encontram o seu terreno propício no contato fiel com a Palavra de Deus. Repito aqui o convite que fiz no início do meu pontificado para abrir de par em par as portas a Cristo:

---

[341] Cf. BENTO XVI, *Mensagem para a XXI Jornada Mundial da Juventude em 2006* (22 de fevereiro de 2006): *AAS* 98 (2006), 282-286.

[342] Cf. *Propositio* 34.

[343] Cf. *ibidem*.

"Quem faz entrar Cristo, nada perde, nada – absolutamente nada daquilo que torna a vida livre, bela e grande. Não! Só nesta amizade se abrem de par em par as portas da vida. Só nesta amizade se abrem realmente as grandes potencialidades da condição humana. [...] Queridos jovens, não tenhais medo de Cristo! Ele não tira nada, e dá tudo. Quem se entrega a Ele, recebe o cêntuplo. Sim, abri de par em par as portas a Cristo, e encontrareis a vida verdadeira".[344]

Anúncio da Palavra de Deus e os migrantes

105. A Palavra de Deus torna-nos atentos à história e a tudo o que de novo germina nela. Por isso o Sínodo quis, a propósito da missão evangelizadora da Igreja, fixar a atenção também no fenômeno complexo dos movimentos migratórios, que tem assumido nestes anos proporções inéditas. Aqui se levantam questões bastante delicadas relativas à *segurança* das nações e ao *acolhimento* que se deve oferecer a quantos buscam refúgio, melhores condições de vida, saúde, trabalho. Um grande número de pessoas, que não conhece Cristo ou possui uma imagem imperfeita d'Ele, estabelece-se em países de tradição cristã. Ao mesmo tempo pessoas que pertencem a povos marcados profundamente pela fé cristã emigram para países onde há necessidade de

---

[344] *Homilia* (24 de abril de 2005): *AAS* 97 (2005), 712.

levar o anúncio de Cristo e de uma nova evangelização. Estas novas situações oferecem novas possibilidades para a difusão da Palavra de Deus. A este propósito, os Padres sinodais afirmaram que os migrantes têm o direito de ouvir o *kerygma*, que lhes é proposto, não imposto. Se forem cristãos, necessitam de uma assistência pastoral adequada para fortalecer a fé e serem eles mesmos portadores do anúncio evangélico. Conscientes da complexidade do fenômeno, é necessário que todas as dioceses interessadas se mobilizem para que os movimentos migratórios sejam considerados também como ocasião para descobrir novas modalidades de presença e de anúncio e se proveja, segundo as próprias possibilidades, um condigno acolhimento e animação destes nossos irmãos para que, tocados pela Boa Nova, se façam eles mesmos anunciadores da Palavra de Deus e testemunhas do Senhor Ressuscitado, esperança do mundo.[345]

Anúncio da Palavra de Deus e os doentes

106. Ao longo dos trabalhos sinodais, a atenção dos Padres deteve-se também na necessidade de anunciar a Palavra de Deus a todos aqueles que estão em condições de sofrimento físico, psíquico ou espiritual. De fato, é na hora do sofrimento que se levantam mais

---

[345] Cf. *Propositio* 38.

acutilantes no coração do homem *as questões últimas sobre o sentido da própria vida*. Se a palavra do homem parece emudecer diante do mistério do mal e da dor e a nossa sociedade parece dar valor à vida apenas se corresponde a certos níveis de eficiência e bem-estar, a Palavra de Deus revela-nos que mesmo estas circunstâncias são misteriosamente "abraçadas" pela ternura divina. A fé que nasce do encontro com a Palavra divina ajuda-nos a considerar *a vida humana digna de ser vivida plenamente, mesmo quando está debilitada pelo mal*. Deus criou o homem para a felicidade e a vida, enquanto a doença e a morte entraram no mundo em consequência do pecado (cf. *Sb* 2, 23-24). Mas o Pai da vida é o médico por excelência do homem e não cessa de inclinar-Se amorosamente sobre a humanidade que sofre. Contemplamos o apogeu da proximidade de Deus ao sofrimento do homem, no próprio Jesus que é "Palavra encarnada. Sofreu conosco, morreu. Com a sua paixão e morte, assumiu e transformou profundamente a nossa debilidade".[346]

A proximidade de Jesus aos doentes não se interrompeu: prolonga-se no tempo graças à ação do Espírito Santo na missão da Igreja, na Palavra e nos Sacramentos, nos homens de boa vontade, nas atividades de assistência que as comunidades promovem com

---

[346] BENTO XVI, *Homilia por ocasião da XVII Jornada Mundial do Doente* (11 de fevereiro de 2009): *Insegnamenti* V/1 (2009), 232.

caridade fraterna, mostrando assim o verdadeiro rosto de Deus e o seu amor. O Sínodo dá graças a Deus pelo testemunho esplêndido, frequentemente escondido, de muitos cristãos – sacerdotes, religiosos e leigos – que emprestaram e continuam a emprestar as suas mãos, os seus olhos e os seus corações a Cristo, verdadeiro médico dos corpos e das almas. Depois exorta para que se continue a cuidar das pessoas doentes, levando-lhes a presença vivificadora do Senhor Jesus na Palavra e na Eucaristia. Sejam ajudadas a ler a Escritura e a descobrir que podem, precisamente na sua condição, participar de um modo particular no sofrimento redentor de Cristo pela salvação do mundo (cf. *2 Cor* 4, 8-11.14).[347]

Anúncio da Palavra de Deus e os pobres

107. A Sagrada Escritura manifesta a predileção de Deus pelos pobres e necessitados (cf. *Mt* 25, 31-46). Com frequência, os Padres sinodais lembraram a necessidade de que o anúncio evangélico e o empenho dos pastores e das comunidades se dirijam a estes nossos irmãos. Com efeito, "os primeiros que têm direito ao anúncio do Evangelho são precisamente os pobres, necessitados não só de pão mas também de palavras de

---

[347] Cf. *Propositio* 35.

vida".[348] A diaconia da caridade, que nunca deve faltar nas nossas Igrejas, tem de estar sempre ligada ao anúncio da Palavra e à celebração dos santos mistérios.[349] Ao mesmo tempo é preciso reconhecer e valorizar o fato de que os próprios pobres são também agentes de evangelização. Na Bíblia, o verdadeiro pobre é aquele que se confia totalmente a Deus e, no Evangelho, o próprio Jesus chama-os *bem-aventurados*, "porque deles é o reino dos céus" (*Mt* 5, 3; cf. *Lc* 6, 20). O Senhor exalta a simplicidade de coração de quem reconhece em Deus a verdadeira riqueza, coloca n'Ele a sua esperança e não nos bens deste mundo. A Igreja não pode desiludir os pobres: "Os pastores são chamados a ouvi-los, a aprender deles, a guiá-los na sua fé e a motivá-los para serem construtores da própria história".[350]

A Igreja está ciente também de que existe uma *pobreza* que é virtude a cultivar e a abraçar livremente, como fizeram muitos Santos, e há a *miséria*, muitas vezes resultante de injustiças e provocada pelo egoísmo, que produz indigência e fome e alimenta os conflitos. Quando a Igreja anuncia a Palavra de Deus sabe que é preciso favorecer um "círculo virtuoso" entre a pobreza *"que se deve escolher"* e a pobreza

---

[348] *Propositio* 11.

[349] Cf. BENTO XVI, Carta enc. *Deus caritas est* (25 de dezembro de 2005), 25: *AAS* 98 (2006), 236-237.

[350] *Propositio* 11.

"*que se deve combater*", redescobrindo "a sobriedade e a solidariedade como valores simultaneamente evangélicos e universais. [...] Isto obriga a opções de justiça e de sobriedade".[351]

Palavra de Deus e defesa da criação

108. O compromisso no mundo requerido pela Palavra divina impele-nos a ver com olhos novos todo o universo criado por Deus e que traz já em si os vestígios do Verbo, por Quem tudo foi feito (cf. *Jo* 1, 2). Com efeito, há uma responsabilidade que nos compete como fiéis e anunciadores do Evangelho também a respeito da criação. A revelação, ao mesmo tempo que nos dá a conhecer o desígnio de Deus sobre o universo, leva-nos também a denunciar os comportamentos errados do homem, quando não reconhece todas as coisas como reflexo do Criador, mas mera matéria que se pode manipular sem escrúpulos. Deste modo, falta ao homem aquela humildade essencial que lhe permite reconhecer a criação como dom de Deus que se deve acolher e usar segundo o seu desígnio. Ao contrário, a arrogância do homem que vive como se Deus não existisse, leva a explorar e deturpar a natureza, não a reconhecendo como uma obra da Palavra criadora. Neste quadro teológico, desejo lembrar as afirmações

---

[351] BENTO XVI, *Homilia* (1º de janeiro de 2009): *Insegnamenti* V/1 (2009), 5.

dos Padres sinodais ao recordarem que o fato de "acolher a Palavra de Deus atestada na Sagrada Escritura e na Tradição viva da Igreja gera um novo modo de ver as coisas, promovendo um ecologia autêntica, que tem a sua raiz mais profunda na obediência da fé, [...] e desenvolvendo una renovada sensibilidade teológica sobre a bondade de todas as coisas, criadas em Cristo".[352] O homem precisa de ser novamente educado para se maravilhar, reconhecendo a verdadeira beleza que se manifesta nas coisas criadas.[353]

---

[352] *Propositio* 54.

[353] Cf. BENTO XVI, Exort. ap. pós-sinodal *Sacramentum caritatis* (22 de fevereiro de 2007), 92: *AAS* 99 (2007), 176-177.

PALAVRA DE DEUS E CULTURAS

O valor da cultura para a vida do homem

109. O anúncio joanino referente à encarnação do Verbo revela o vínculo indissolúvel que existe entre a *Palavra divina* e as *palavras humanas*, através das quais Se nos comunica. Foi no âmbito desta reflexão que o Sínodo dos Bispos se deteve sobre a relação entre Palavra de Deus e cultura. De fato, Deus não Se revela ao homem abstratamente, mas assumindo linguagens, imagens e expressões ligadas às diversas culturas. Trata-se de uma relação fecunda, largamente testemunhada na história da Igreja. Hoje tal relação entra também numa nova fase, devido à propagação e enraizamento da evangelização dentro das diversas culturas e nas mais recentes evoluções da cultura ocidental. Isto implica, antes de mais nada, reconhecer a importância da cultura como tal para a vida de cada homem. De fato, o fenômeno da cultura, nos seus múltiplos aspectos, apresenta-se como um dado constitutivo da experiência humana: "O homem vive sempre segundo uma cultura que lhe é própria e por sua vez cria entre os homens um laço, que lhes é próprio

também, determinando o caráter inter-humano e social da existência humana".[354]

A Palavra de Deus inspirou, ao longo dos séculos, as diversas culturas, gerando valores morais fundamentais, expressões artísticas magníficas e estilos de vida exemplares.[355] Assim, na esperança de um renovado encontro entre Bíblia e culturas, quero reafirmar a todos os agentes culturais que nada têm a temer da sua abertura à Palavra de Deus, que nunca destrói a verdadeira cultura, mas constitui um estímulo constante para a busca de expressões humanas cada vez mais apropriadas e significativas. Para servir verdadeiramente o homem, cada cultura autêntica deve estar aberta à transcendência e, em última análise, a Deus.

A Bíblia como grande código para as culturas

110. Os Padres sinodais sublinharam a importância de favorecer um adequado conhecimento da Bíblia entre os agentes culturais, mesmo nos ambientes secularizados e entre os não crentes;[356] na Sagrada Escritura, estão contidos valores antro-

---

[354] JOÃO PAULO II, *Discurso à UNESCO* (2 de junho de 1980), 6: *AAS* 72 (1980), 738.

[355] Cf. *Propositio* 41.

[356] Cf. *ibidem.*

pológicos e filosóficos que influíram positivamente sobre toda a humanidade.[357] Deve-se recuperar plenamente o sentido da Bíblia como grande código para as culturas.

O conhecimento da Bíblia nas escolas e universidades

111. Um âmbito particular do encontro entre Palavra de Deus e culturas é o da *escola* e da *universidade*. Os Pastores tenham um cuidado especial por estes ambientes, promovendo um conhecimento profundo da Bíblia para se poder individuar, também hoje, as suas fecundas implicações culturais. Os centros de estudo promovidos pelas realidades católicas oferecem uma contribuição original – que deve ser reconhecida – para a promoção da cultura e da instrução. Além disso, não se deve descuidar o *ensino da religião*, formando cuidadosamente os professores. Em muitos casos, isto representa para os estudantes uma ocasião única de contato com a mensagem da fé. É bom que se promova, neste ensino, o conhecimento da Sagrada Escritura, superando antigos e novos preconceitos e procurando dar a conhecer a sua verdade.[358]

---

[357] Cf. JOÃO PAULO II, Carta enc. *Fides et ratio* (14 de setembro de 1998), 80: *AAS* 91 (1999), 67-68.

[358] Cf. *Lineamenta* 23.

A Sagrada Escritura nas diversas expressões artísticas

112. A relação entre Palavra de Deus e cultura encontrou expressão em obras de âmbitos diversos, particularmente no *mundo da arte*. Por isso a grande tradição do Oriente e do Ocidente sempre estimou as manifestações artísticas inspiradas na Sagrada Escritura, como, por exemplo, as artes figurativas e a arquitetura, a literatura e a música. Penso também na antiga linguagem expressa pelos *ícones* que, partindo da tradição oriental, aos poucos se foi espalhando por todo o mundo. Com os Padres sinodais, a Igreja inteira exprime apreço, estima e admiração pelos artistas "enamorados da beleza", que se deixaram inspirar pelos textos sagrados; contribuíram para a decoração das nossas igrejas, a celebração da nossa fé, o enriquecimento da nossa liturgia, e muitos deles ajudaram ao mesmo tempo a tornar de algum modo perceptível no tempo e no espaço as realidades invisíveis e eternas.[359] Exorto os organismos competentes a promoverem na Igreja uma sólida formação dos artistas sobre a Sagrada Escritura à luz da Tradição viva da Igreja e do Magistério.

---

[359] Cf. *Propositio* 40.

Palavra de Deus e meios de comunicação social

113. Ligada à relação entre Palavra de Deus e culturas está também a importância da utilização cuidadosa e inteligente dos meios, antigos e novos, de comunicação social. Os Padres sinodais recomendaram um conhecimento apropriado destes instrumentos, estando atentos ao seu rápido desenvolvimento e aos diversos níveis de interação e investindo maiores energias para adquirir competência nos vários setores, particularmente nos novos meios de comunuicação, como, por exemplo, a *internet*. Por parte da Igreja, já existe uma significativa presença no mundo da comunicação de massa, e o próprio Magistério eclesial exprimiu-se várias vezes sobre este tema a partir do Concílio Vaticano II.[360] A aquisição de novos métodos para transmitir a mensagem evangélica faz parte da constante tensão evangelizadora dos fiéis, e hoje a rede de comunicação envolve o

---

[360] Cf. CONC. ECUM. VAT. II, Decr. sobre os instrumentos de comunicação social *Inter mirifica*; PONT. CONS. PARA AS COMUNICAÇÕES SOCIAIS, Instr. past. *Communio et progressio* sobre os instrumentos da comunicação social, publicada por disposição do Concílio Ecumênico Vaticano II (23 de maio de 1971): *AAS* 63 (1971) 593-656; JOÃO PAULO II, Carta ap. *O rápido desenvolvimento* (24 de janeiro de 2005): *AAS* 97 (2005) 265-274; PONT. CONS. PARA AS COMUNICAÇÕES SOCIAIS, Instr. past. sobre as comunicações sociais no XX aniversário da "Communio et progressio" *Aetatis novae* (22 de fevereiro de 1992): *AAS* 84 (1992) 447-468; IDEM, *A Igreja e internet* (22 de fevereiro de 2002): *Ench. Vat.* 21, nn. 66-95; IDEM, Ética na internet (22 de fevereiro de 2002): *Ench. Vat.* 21, nn. 96-127.

mundo inteiro, tendo adquirido um novo significado o apelo de Cristo: "O que vos digo às escuras, dizei-o à luz do dia, e o que escutais ao ouvido, proclamai-o sobre os terraços" (*Mt* 10, 27). Para além da forma escrita, a Palavra divina deve ressoar também através das outras formas de comunicação.[361] Por isso, juntamente com os Padres sinodais, desejo agradecer aos católicos que lutam com competência por uma presença significativa no mundo dos *mass media*, solicitando um empenhamento ainda mais amplo e qualificado.[362]

Entre as novas formas de comunicação de massa, há que reconhecer hoje um papel crescente à *internet*, que constitui um novo fórum onde fazer ressoar o Evangelho, na certeza, porém, de que o mundo virtual nunca poderá substituir o mundo real e que a evangelização só poderá usufruir da *virtualidade* oferecida pelos novos meios de comunicação para instaurar relações significativas, se se chegar ao *encontro pessoal* que permanece insubstituível. No mundo da *internet*, que permite que bilhões de imagens apareçam sobre milhões de monitores em todo o mundo, deverá sobressair *o rosto de Cristo* e

---

[361] Cf. *Mensagem final* IV, 11; BENTO XVI, *Mensagem para o XLIII Dia Mundial das Comunicações Sociais* (24 de janeiro de 2009): *Insegnamenti* V/1 (2009), 123-127.

[362] Cf. *Propositio* 44.

ouvir-se a sua voz, porque, "se não há espaço para Cristo, não há espaço para o homem".[363]

Bíblia e inculturação

114. O mistério da encarnação mostra-nos que Deus, por um lado, comunica-Se sempre numa história concreta, assumindo os códigos culturais nela inscritos, mas, por outro, a própria Palavra pode e deve transmitir-se em culturas diferentes, transfigurando-as a partir de dentro através daquilo que Paulo VI chamava *a evangelização das culturas*.[364] Deste modo a Palavra de Deus, como aliás a fé cristã, manifesta um caráter profundamente *intercultural*, capaz de encontrar e fazer encontrar culturas diversas.[365]

Neste contexto, compreende-se também o valor da *inculturação* do Evangelho.[366] A Igreja está firmemente persuadida da capacidade intrínseca que tem a Palavra de Deus de atingir todas as pessoas humanas no contexto cultural onde vivem: "Esta convicção deriva da própria Bíblia, que, desde o

---

[363] JOÃO PAULO II, *Mensagem para o XXXVI Dia Mundial das Comunicações Sociais* (24 de janeiro de 2002), 6: *Insegnamenti* XXV/1 (2002), 94-95.

[364] Cf. Exort. ap. *Evangelii nuntiandi* (8 de dezembro de 1975), 20: *AAS* 68 (1976), 18-19.

[365] Cf. BENTO XVI, Exort. ap. pós-sinodal *Sacramentum caritatis* (22 de fevereiro de 2007), 78: *AAS* 99 (2007), 165.

[366] Cf. *Propositio* 48.

livro do Gênesis, assume uma orientação universal (cf. *Gn* 1, 27-28), mantém-na depois na bênção prometida a todos os povos graças a Abraão e à sua descendência (cf. *Gn* 12, 3; 18, 18) e confirma-a definitivamente quando estende a 'todas as nações' a evangelização".[367] Por isso, a inculturação não deve ser confundida com processos de adaptação superficial, nem mesmo com a amálgama sincretista que dilui a originalidade do Evangelho para o tornar mais facilmente aceitável.[368] O autêntico paradigma da inculturação é a própria encarnação do Verbo: "A 'aculturação' ou 'inculturação' será realmente um reflexo da encarnação do Verbo, quando uma cultura, transformada e regenerada pelo Evangelho, produzir na sua própria tradição expressões originais de vida, de celebração, de pensamento cristão",[369] levedando como o fermento dentro da cultura local, valorizando as *semina Verbi* e tudo o que de positivo haja nela, abrindo-a aos valores evangélicos.[370]

---

[367] PONT. COMISSÃO BÍBLICA, *A Interpretação da Bíblia na Igreja* (15 de abril de 1993), IV, B: *Ench. Vat.* 13, nn. 3112.

[368] Cf. CONC. ECUM. VAT. II, Decr. sobre a atividade missionária da Igreja *Ad gentes*, 22; PONT. COMISSÃO BÍBLICA, *A Interpretação da Bíblia na Igreja* (15 de abril de 1993), IV, B: *Ench. Vat.* 13, nn. 3111-3117.

[369] JOÃO PAULO II, *Discurso aos Bispos do Quênia* (7 de maio de 1980), 6: *AAS* 72 (1980), 497.

[370] Cf. *Instrumentum laboris*, 56.

Traduções e difusão da Bíblia

115. Se a inculturação da Palavra de Deus é parte imprescindível da missão da Igreja no mundo, um momento decisivo deste processo é a difusão da Bíblia por meio do valioso trabalho de tradução nas diversas línguas. A este propósito, nunca se deve esquecer que a obra de tradução das Escrituras "teve início desde os tempos do Antigo Testamento quando o texto hebraico da Bíblia foi traduzido oralmente para aramaico (*Ne* 8, 8.12) e, mais tarde, traduzido de forma escrita para grego. De fato, uma tradução é sempre algo mais do que uma simples transcrição do texto original. A passagem de uma língua para outra comporta necessariamente uma mudança de contexto cultural: os conceitos não são idênticos e o alcance dos símbolos é diferente, porque põem em relação com outras tradições de pensamento e outros modos de viver".[371]

Durante os trabalhos sinodais, pôde-se constatar que várias Igrejas locais ainda não dispõem de uma tradução integral da Bíblia nas suas próprias línguas. Atualmente quantos povos têm fome e sede da Palavra de Deus, mas infelizmente não podem ainda ter "acesso patente à Sagrada Escritura",[372] como desejara o Concí-

---

[371] PONT. COMISSÃO BÍBLICA, *A Interpretação da Bíblia na Igreja* (15 de abril de 1993), IV, B: *Ench. Vat.* 13, n. 3113.

[372] CONC. ECUM. VAT. II, Const. dogm. sobre a Revelação divina *Dei Verbum*, 22.

lio Vaticano II. Por isso, o Sínodo considera importante, antes de mais nada, a formação de especialistas que se dediquem a traduzir a Bíblia nas diversas línguas.[373] Encorajo a que se invistam recursos neste âmbito. De modo particular, quero recomendar que seja apoiado o empenho da Federação Bíblica Católica para um incremento ainda maior do número das traduções da Sagrada Escritura e da sua minuciosa difusão.[374] Bom será que tal trabalho, pela sua própria natureza, seja feito na medida do possível em colaboração com as diversas Sociedades Bíblicas.

A Palavra de Deus supera os limites das culturas

116. No debate sobre a relação entre Palavra de Deus e culturas, a assembleia sinodal sentiu necessidade de reafirmar aquilo que os primeiros cristãos puderam experimentar desde o dia de Pentecostes (cf. *At* 2, 1-13). A Palavra divina é capaz de penetrar e exprimir-se em culturas e línguas diferentes, mas a própria Palavra transfigura os limites de cada uma das culturas criando comunhão entre povos diversos. A Palavra do Senhor convida-nos a avançar para uma comunhão mais vasta. "Saímos da estreiteza das nossas

---

[373] Cf. *Propositio* 42.

[374] Cf. *Propositio* 43.

experiências e entramos na realidade que é verdadeiramente universal. Entrando na comunhão com a Palavra de Deus, entramos na comunhão da Igreja que vive a Palavra de Deus. [...] É sair dos limites de cada uma das culturas para a universalidade que nos vincula a todos, a todos nos une e faz irmãos".[375] Portanto, anunciar a Palavra de Deus começa sempre por nos pedir a nós mesmos um renovado êxodo, deixando as nossas medidas e as nossas imaginações limitadas para abrir espaço em nós à presença de Cristo.

---

[375] BENTO XVI, *Homilia durante a Hora Tércia, no início da I Congregação Geral do Sínodo dos Bispos* (6 de outubro de 2008): *AAS* 100 (2008), 760.

PALAVRA DE DEUS E DIÁLOGO INTER-RELIGIOSO

O valor do diálogo inter-religioso

117. A Igreja reconhece como parte essencial do anúncio da Palavra o encontro, o diálogo e a colaboração com todos os homens de boa vontade, particularmente com as pessoas pertencentes às diversas tradições religiosas da humanidade, evitando formas de sincretismo e de relativismo e seguindo as linhas indicadas pela Declaração do Concílio Vaticano II *Nostra aetate* e desenvolvidas pelo Magistério sucessivo dos Sumos Pontífices.[376] O processo veloz de globalização, característico da nossa época, permite viver em contato mais estreito com pessoas de culturas e religiões diferentes. Trata-se de uma oportunidade

---

[376] Dentre as numerosas e diversificadas intervenções, recorde-se: JOÃO PAULO II, Carta enc. *Dominum et vivificantem* (18 de maio de 1986): *AAS* 78 (1986), 809-900; IDEM, Carta enc. *Redemptoris missio* (7 de dezembro de 1990): *AAS* 83 (1991), 249-340; IDEM, Discursos e homilias em Assis, por ocasião do Dia de Oração pela Paz em 27 de outubro de 1986: *Insegnamenti*, IX/2 (1986), 1249-1273; IDEM, Dia de Oração pela Paz no Mundo (24 de janeiro de 2002): *Insegnamenti* XXV/1 (2002), 97108; CONGR. PARA A DOUTRINA DA FÉ, Decl. sobre a unicidade e universalidade salvífica de Jesus Cristo e da Igreja *Dominus Iesus* (6 de agosto de 2000): *AAS* 92 (2000), 742-765.

providencial para manifestar como o autêntico sentido religioso pode promover entre os homens relações de fraternidade universal. É muito importante que as religiões possam favorecer, nas nossas sociedades frequentemente secularizadas, uma mentalidade que veja em Deus Onipotente o fundamento de todo o bem, a fonte inexaurível da vida moral, o sustentáculo de um profundo sentido de fraternidade universal.

Na tradição judaico-cristã, por exemplo, encontra-se sugestivamente confirmado o amor de Deus por todos os povos, que Ele, já na Aliança estabelecida com Noé, reúne num único e grande abraço simbolizado pelo "arco nas nuvens" (*Gn* 9, 13.14.16) e que, segundo as palavras dos profetas, pretende congregar numa única família universal (cf. *Is* 2, 2ss; 42, 6; 66, 18-21; *Jr* 4, 2; *Sl* 47). Na realidade aparecem, em muitas das grandes tradições religiosas, testemunhos da ligação íntima que existe entre a relação com Deus e a ética do amor por todo o homem.

Diálogo entre cristãos e muçulmanos

118. Dentre as diversas religiões, a Igreja olha com estima os muçulmanos, que reconhecem a existência de um único Deus;[377] fazem referimento a Abraão e prestam

---

[377] Cf. CONC. ECUM. VAT. II, Decl. sobre as relações da Igreja com as religiões não cristãs *Nostra aetate*, 3.

culto a Deus sobretudo com a oração, a esmola e o jejum. Reconhecemos que, na tradição do Islão, há muitas figuras, símbolos e temas bíblicos. Em continuidade com a importante ação empreendida pelo Venerável João Paulo II, desejo que as relações baseadas na confiança, que estão instauradas desde há diversos anos entre cristãos e muçulmanos, continuem e se desenvolvam num espírito de diálogo sincero e respeitoso.[378] Neste diálogo, o Sínodo fez votos de que se possam aprofundar o respeito da vida como valor fundamental, os direitos inalienáveis do homem e da mulher e a sua igual dignidade. Tendo em conta a distinção entre a ordem sociopolítica e a ordem religiosa, as religiões devem dar a sua contribuição para o bem comum. O Sínodo pede às Conferências Episcopais que se favoreçam, onde for oportuno e profícuo, encontros para um conhecimento recíproco entre cristãos e muçulmanos a fim de se promoverem os valores de que a sociedade tem necessidade para uma convivência pacífica e positiva.[379]

Diálogo com as outras religiões

119. Além disso, desejo aqui manifestar o respeito da Igreja pelas antigas religiões e tradições

---

[378] Cf. BENTO XVI, *Discurso a Embaixadores dos países majoritariamente muçulmanos acreditados junto da Santa Sé* (25 de setembro de 2006): *AAS* 98 (2006), 704-706.

[379] Cf. *Propositio* 53.

espirituais dos vários Continentes; contêm valores que podem favorecer muito a compreensão entre as pessoas e os povos.[380] Muitas vezes constatamos sintonias com valores expressos também nos seus livros religiosos, como, por exemplo, o respeito pela vida, a contemplação, o silêncio e a simplicidade, no Budismo; o sentido da sacralidade, do sacrifício e do jejum, no Hinduísmo; e ainda os valores familiares e sociais no Confucionismo. Vemos, ainda noutras experiências religiosas, uma sincera atenção à transcendência de Deus, reconhecido como Criador, e também ao respeito da vida, do matrimônio e da família e ainda um forte sentido de solidariedade.

Diálogo e liberdade religiosa

120. Todavia o diálogo não seria fecundo, se não incluísse também um verdadeiro respeito por toda a pessoa para que possa aderir livremente à sua própria religião. Por isso o Sínodo, ao mesmo tempo que promove a colaboração entre os expoentes das diversas religiões, recorda igualmente "a necessidade de que seja efetivamente assegurada a todos os crentes a liberdade de professar, privada e publicamente, a sua própria religião, e também a liberdade de consciência";[381] de

---

[380] Cf. *Propositio* 50.

[381] *Ibidem.*

fato "o respeito e o diálogo exigem a reciprocidade em todos os campos, sobretudo no que diz respeito às liberdades fundamentais e, de modo muito particular, à liberdade religiosa. Tal respeito e diálogo favorecem a paz e a harmonia entre os povos".[382]

---

[382] JOÃO PAULO II, *Discurso no encontro com os jovens muçulmanos em Casablanca* (Marrocos, 19 de agosto de 1985), 5: *AAS* 78 (1986), 99.

CONCLUSÃO

A palavra definitiva de Deus

121. No termo destas reflexões, em que reuni e aprofundei a riqueza da XII Assembleia Geral Ordinária do Sínodo dos Bispos sobre a Palavra de Deus na vida e na missão da Igreja, desejo uma vez mais exortar todo o Povo de Deus, os Pastores, as pessoas consagradas e os fiéis leigos a empenharem-se para que as Sagradas Escrituras se lhes tornem cada vez mais familiares. Nunca devemos esquecer que, na base de toda a espiritualidade cristã autêntica e viva, está *a Palavra de Deus anunciada, acolhida, celebrada e meditada na Igreja*. A intensificação do relacionamento com a Palavra divina acontecerá com tanto maior decisão quanto mais cientes estivermos de nos encontrar, quer na Escritura quer na Tradição viva da Igreja, em presença da Palavra definitiva de Deus sobre o universo e a história.

Como nos leva a contemplar o Prólogo do *Evangelho de João*, todo o ser está sob o signo da Palavra. O Verbo sai do Pai e vem habitar entre os Seus e regressa ao seio do Pai para levar consigo toda a criação que n'Ele e para Ele fora criada. Agora a Igreja vive a sua missão na veemente expectativa da manifestação escatológica do Esposo: *"O Espírito e a Esposa dizem: 'Vem!'"* (*Ap* 22, 17). Esta expectativa nunca é passiva, mas tensão missionária de anúncio da Palavra de Deus que cura e redime todo o homem; ainda hoje Jesus ressuscitado nos diz: "Ide pelo mundo inteiro e anunciai a Boa Nova a toda a criatura" (*Mc* 16, 15).

Nova evangelização e nova escuta

122. Por isso, o nosso deve ser cada vez mais o tempo de uma nova escuta da Palavra de Deus e de uma *nova evangelização*. É que descobrir a centralidade da Palavra de Deus na vida cristã faz-nos encontrar o sentido mais profundo daquilo que João Paulo II incansavelmente lembrou: continuar a *missio ad gentes* e empreender com todas as forças a nova evangelização, sobretudo naquelas nações onde o Evangelho foi esquecido ou é vítima da indiferença da maioria por causa de um difundido secularismo. O Espírito Santo desperte nos homens fome e sede da Palavra de Deus e os torne zelosos anunciadores e testemunhas do Evangelho.

À imitação do grande Apóstolo das Nações, que ficou transformado depois de ter ouvido a voz do Senhor (cf. *At* 9, 1-30), escutemos também nós a Palavra divina que não cessa de nos interpelar pessoalmente aqui e agora. O Espírito Santo reservou para Si – narram os *Atos dos Apóstolos* – Paulo e Barnabé para a pregação e a difusão da Boa Nova (cf. 13, 2). Também hoje de igual modo o Espírito Santo não cessa de chamar ouvintes e anunciadores convictos e persuasivos da Palavra do Senhor.

A Palavra e a alegria

123. Quanto mais soubermos colocar-nos à disposição da Palavra divina, tanto mais poderemos constatar como o mistério do Pentecostes se está a realizar ainda hoje na Igreja de Deus. O Espírito do Senhor continua a derramar os seus dons sobre a Igreja, para que sejamos guiados para a verdade total, desvendando-nos o sentido das Escrituras e tornando--nos anunciadores credíveis da Palavra de salvação. E assim regressamos à *Primeira Carta de São João*. Na Palavra de Deus, também nós escutamos, vimos e tocamos o Verbo da vida. Por graça, acolhemos o anúncio de que a vida eterna se manifestou, de modo que agora reconhecemos que estamos em comunhão uns com os outros, com quem nos precedeu no sinal da fé e com todos aqueles que, espalhados pelo mundo, escutam a Palavra, celebram a Eucaristia, vivem o testemunho da caridade. Recebemos a comunicação deste anúncio – recorda-nos o apóstolo João – para que "a nossa alegria seja completa" (cf. *1 Jo* 1, 4).

A Assembleia sinodal permitiu-nos experimentar tudo isto que está contido na mensagem joanina: o anúncio da Palavra cria *comunhão* e gera *alegria*. Trata-se de uma alegria profunda que brota do próprio coração da vida trinitária e é-nos comunicada no Filho. Trata-se da alegria como dom inefável que o mundo não pode dar. Podem-se organizar festas, mas não a alegria. Segundo a Escritura, a alegria é fruto do Espírito Santo (cf. *Gl* 5, 22), que nos permite entrar na Palavra e fazer com que a Palavra divina entre em nós e frutifique para a vida eterna. Anunciando a Palavra de Deus na força do Espírito Santo, queremos comunicar também a fonte da verdadeira alegria, não uma alegria superficial e efêmera, mas aquela que brota da certeza de que só o Senhor Jesus tem palavras de vida eterna (cf. *Jo* 6, 68).

"Mater Verbi et Mater laetitiae"

124. Esta relação íntima entre a Palavra de Deus e a alegria aparece em evidência precisamente na Mãe de Deus. Recordemos as palavras de Santa Isabel: "Feliz daquela que acreditou que teriam cumprimento as coisas que lhe foram ditas da parte do Senhor" (*Lc* 1, 45). Maria é feliz porque tem fé, porque acreditou, e, nesta fé, acolheu no seu ventre o Verbo de Deus para O dar ao mundo. A alegria recebida da Palavra pode agora estender-se a todos aqueles que na fé se deixam trans-

formar pela Palavra de Deus. O *Evangelho de Lucas* apresenta-nos este mistério de escuta e de alegria em dois textos. Jesus afirma: "Minha mãe e meus irmãos são aqueles que ouvem a Palavra de Deus e a põem em prática" (8, 21). E, em resposta à exclamação duma mulher que, do meio da multidão, pretende exaltar o ventre que O trouxe e o seio que O amamentou, Jesus revela o segredo da verdadeira alegria: "Diz antes: Felizes os que escutam a Palavra de Deus e a põem em prática" (11, 28). Jesus manifesta a verdadeira grandeza de Maria, abrindo assim também a cada um de nós a possibilidade daquela bem-aventurança que nasce da Palavra acolhida e posta em prática. Por isso, recordo a todos os cristãos que o nosso relacionamento pessoal e comunitário com Deus depende do incremento da nossa familiaridade com a Palavra divina. Por fim, dirijo-me a todos os homens, mesmo a quantos se afastaram da Igreja, que abandonaram a fé ou que nunca ouviram o anúncio de salvação. O Senhor diz a cada um: "Eis que estou à porta e bato. Se alguém ouvir a minha voz e abrir a porta, entrarei em sua casa e cearei com ele, e ele comigo" (*Ap* 3, 20).

Por isso, cada um dos nossos dias seja plasmado pelo encontro renovado com Cristo, Verbo do Pai feito carne: Ele está no início e no fim de tudo, e n'Ele todas as coisas subsistem (cf. *Cl* 1, 17). Façamos silêncio para ouvir a Palavra do Senhor e meditá-la, a fim de que a mesma, através da ação eficaz do Espírito Santo, continue a habitar e a viver em nós e a falar-nos ao longo de todos os dias da nossa vida. Desta forma, a Igreja sempre se renova e rejuvenesce graças à Palavra do Senhor, que permanece eternamente (cf. *1 Pd* 1, 25; *Is* 40, 8). Assim também nós poderemos entrar no esplêndido diálogo nupcial com que se encerra a Sagrada Escritura: "O Espírito e a Esposa dizem: 'Vem'! E, aquele que ouve, diga: 'Vem'! [...] O que dá testemunho destas coisas diz. 'Sim, Eu venho em breve'! Amém. Vem, Senhor Jesus!" (*Ap* 22, 17.20).

Dado em Roma, junto de São Pedro, no dia 30 de setembro – memória de São Jerônimo – de 2010, sexto ano de Pontificado.

Benedictus PP XVI

SUMÁRIO

INTRODUÇÃO 3

Para que a nossa alegria seja perfeita 4

Da "Dei Verbum" ao Sínodo sobre a Palavra de Deus.......5

O Sínodo dos Bispos sobre a Palavra de Deus 8

O Prólogo do Evangelho de João por guia......................11

I PARTE
VERBUM DEI

O DEUS QUE FALA...15

Deus em diálogo..15

Analogia da Palavra de Deus...............................16

Dimensão cósmica da Palavra 19

A criação do homem 21

O realismo da Palavra 23

Cristologia da Palavra.......................................24

Dimensão escatológica da Palavra de Deus 31

A Palavra de Deus e o Espírito Santo.....................34

Tradição e Escritura..38

Sagrada Escritura, inspiração e verdade 42

Deus Pai, fonte e origem da Palavra 44

A RESPOSTA DO HOMEM A DEUS QUE FALA.............47

Chamados a entrar na Aliança com Deus.................47

Deus escuta o homem e responde às suas perguntas........48

Dialogar com Deus através das suas palavras 49

O pecado como não escuta da Palavra de Deus 51

Maria "Mater Verbi Dei" e "Mater fidei" 53

A HERMENÊUTICA DA SAGRADA ESCRITURA NA IGREJA 57

A Igreja, lugar originário da hermenêutica da Bíblia 57

"A alma da sagrada teologia" 61

Desenvolvimento da investigação bíblica
e Magistério eclesial 63

A hermenêutica bíblica conciliar:
uma indicação a acolher 66

O perigo do dualismo e a hermenêutica secularizada 68

Fé e razão na abordagem da Escritura 71

Sentido literal e sentido espiritual 73

A necessária superação da "letra" 75

A unidade intrínseca da Bíblia 77

A relação entre Antigo e Novo Testamento 79

As páginas "obscuras" da Bíblia 83

Cristãos e judeus, relativamente
às Sagradas Escrituras 84

A interpretação fundamentalista
da Sagrada Escritura 86

Diálogo entre Pastores, teólogos e exegetas 88

Bíblia e ecumenismo 89

Consequências sobre a organização
dos estudos teológicos 92

Os Santos e a interpretação da Escritura 93

II PARTE
VERBUM IN ECCLESIA

A PALAVRA DE DEUS E A IGREJA 101

A Igreja acolhe a Palavra 101

Contemporaneidade de Cristo na vida da Igreja 102

LITURGIA, LUGAR PRIVILEGIADO
DA PALAVRA DE DEUS.................................. 105

A Palavra de Deus na sagrada Liturgia 105

Sagrada Escritura e Sacramentos 108

Palavra de Deus e Eucaristia.. 109

A sacramentalidade da Palavra...................................... 113

A Sagrada Escritura e o Leccionário............................. 115

Proclamação da Palavra e ministério do leitorado 117

A importância da homilia 118

Conveniência de um Diretório homilético..................... 120

Palavra de Deus, Reconciliação e Unção dos Enfermos 121

Palavra de Deus e Liturgia das Horas........................... 123

Palavra de Deus e Cerimonial das Bênçãos 125

Sugestões e propostas concretas para a animação
litúrgica 126

A PALAVRA DE DEUS NA VIDA ECLESIAL................ 135

Encontrar a Palavra de Deus na Sagrada Escritura........ 135

A animação bíblica da pastoral..................................... 137

Dimensão bíblica da catequese..................................... 139

Formação bíblica dos cristãos....................................... 141

A Sagrada Escritura nos grandes encontros eclesiais 142

Palavra de Deus e vocações 142

Leitura orante da Sagrada Escritura e "lectio divina" ... 155

Palavra de Deus e oração mariana 162

Palavra de Deus e Terra Santa 164

III PARTE
VERBUM MUNDO

A MISSÃO DA IGREJA: ANUNCIAR A PALAVRA
DE DEUS AO MUNDO 169

A Palavra que sai do Pai e volta para o Pai 169

Anunciar ao mundo o "Logos" da Esperança 170

Da Palavra de Deus deriva a missão da Igreja 172

A Palavra e o Reino de Deus 173

Todos os batizados responsáveis do anúncio 174

A necessidade da "missio ad gentes" 176

Anúncio e nova evangelização 177

Palavra de Deus e testemunho cristão 178

PALAVRA DE DEUS E COMPROMISSO NO MUNDO 182

Palavra de Deus e compromisso na sociedade
pela justiça 183

Anúncio da Palavra de Deus, reconciliação
e paz entre os povos 185

A Palavra de Deus e a caridade ativa 187

Anúncio da Palavra de Deus e os jovens 188

Anúncio da Palavra de Deus e os migrantes 190

Anúncio da Palavra de Deus e os doentes 191

Anúncio da Palavra de Deus e os pobres 193

Palavra de Deus e defesa da criação 195

PALAVRA DE DEUS E CULTURAS............................197

O valor da cultura para a vida do homem......................197

A Bíblia como grande código para as culturas.............198

O conhecimento da Bíblia nas escolas
e universidades..199

A Sagrada Escritura nas diversas
expressões artísticas..200

Palavra de Deus e meios de comunicação social...........201

Bíblia e inculturação..203

Traduções e difusão da Bíblia..205

A Palavra de Deus supera os limites das culturas..........206

PALAVRA DE DEUS E DIÁLOGO
INTER-RELIGIOSO 208

O valor do diálogo inter-religioso...................................208

Diálogo entre cristãos e muçulmanos.............................209

Diálogo com as outras religiões......................................210

Diálogo e liberdade religiosa 211

CONCLUSÃO..213

A palavra definitiva de Deus...213

Nova evangelização e nova escuta..................................214

A Palavra e a alegria 215

"Mater Verbi et Mater laetitiae" 216

Rua Dona Inácia Uchoa, 62
04110-020 – São Paulo – SP (Brasil)
Tel.: (11) 2125-3500
http://www.paulinas.com.br – editora@paulinas.com.br
Telemarketing e SAC: 0800-7010081